ライブラリ 経済学15講 BASIC編 別巻1

経済学のための
数学の基礎
15講

小林 幹 著

Fifteen Lectures on
Fundamental Mathematics
for Economics

新世社

編者のことば

『ライブラリ 経済学15講』は,各巻は独立であるものの,全体として経済学の主要な分野をカバーする入門書の体系であり,通年2学期制をとる多くの大学の経済学部やそれに準じた学部の経済学専攻コースにおいて,いずれも半学期15回の講義数に合わせた内容のライブラリ(図書シリーズ)となっている.近年では通年4学期のクォーター制をとる大学も増えてきているが,その場合には,15講は講義数を強調するものではなく,講義範囲の目安となるものと理解されたい.

私が大学生のころは,入学後の2年間は必修となる語学や一般教養科目が中心であり,専門科目としての経済学は,早目に設置・配当する大学においても,ようやく2年次の後半学期に選択必修としての基礎科目群が導入されるというカリキュラムだった.一般教養科目の制約が薄れた近年は,多くの大学では1年次から入門レベルの専門科目が開講されており,学年進行に合わせて,必修科目,選択必修科目,選択科目といった科目群の指定も行われるようになった.

系統だったカリキュラムにおいて,本ライブラリは各巻とも入門レベルの内容を目指している.ミクロ経済学とマクロ経済学の基本科目,そして財政学や金融論などの主要科目は,通常は半学期15回で十分なわけではなく,その2倍,3倍の授業数が必要なものもあろう.そうした科目では,本ライブラリの内容は講義の骨格部分を形成するものであり,実際の講義の展開によって,さまざまに肉付けがなされるものと想定している.

本ライブラリは大学での講義を意識したものであるのは当然であるが,それにとどまるものでもないと考えている.経済学を学んで社会に出られたビジネスパーソンの方々などが,大学での講義を思い出して再勉強する際には最良の復習書となるであろう.公務員試験や経済学検定試験(ERE)などの資格試験の受験の際にも,コンパクトで有効なよすがになると期待している.また,高校生や経済学の初心者の方々には,本ライブラリの各巻を読破することにより,それぞれの分野を俯瞰し,大まかに把握する手助けになると確信している.

このほかの活用法も含めて,本ライブラリが数多くの読者にとって,真に待望の書とならんことを心より祈念するものである.

浅子　和美

はしがき

　経済学部の学生さんのなかには「高校時代に数学をあまり勉強しておらず，数学が苦手なので経済学の専門課程を理解できないのではないか」と心配していたり，「文系学部だから数学は必要ないと思って入学したのに数学の講義があるなんて」と半ば不満にも似たような気持ちを抱えている方々が少なくない．本書は，このような気持ちを抱えながら，これから経済学を学んでいこうとしている学生さんに向けて書かれたものである．

　本書では，主に入門レベルのミクロ経済学やマクロ経済学など，理論経済学の初歩を学ぶのに最低限必要な数学の単元を選択した．積分や線形代数など他にも必要かつ重要な単元は多々存在するが，それらは理論経済学でも比較的発展的な内容と関連するので本書では割愛した．それらの内容は本ライブラリの『経済数学15講』で取り扱われる予定である．各講における内容も基礎的なものだけを選択した．基礎的ではあるが各単元において骨格をなす内容ばかりであるので，本書は，各単元のより進んだ内容の理解にも役立つと思われる．

　本書の特徴として，公式の導出や意味が理解できるように，その公式の「考え方」を丁寧に記し，単なる公式の列挙はできる限り避けた．それにより，公式を丸暗記するのではなく，必要であれば自分で公式を一から作れるような書き方をしたつもりである．数学的な論理的思考能力を養うためにも，公式を丸暗記するのではなく，その公式の導出や意味の理解に努めてもらいたい．

　もう一つの特徴は，定義や公式を理解するために，関連する典型的な例題とその丁寧な解答を多めに載せていることである．また，各節の終わりにその節で扱った内容の理解を深めるための演習問題として「やってみよう」を，そして各講の終わりに多少発展的な問題として「練習問題」を設けている．自分で問題を解くことで理解が深まるので必ず自分の力で解いてもらいたい．

本書を用いて数学を学ぶことで少しでも数学に対する不安や不満が解消されれば幸いである．

　最後に，本書の刊行にあたり執筆を薦めて下さった浅子和美先生に心よりお礼申し上げます．また，本書の出版を担当された新世社編集部の御園生晴彦さんと谷口雅彦さんには本書の構成など色々相談に乗っていただきましたことを感謝いたします．

2018 年 2 月

小林　幹

目　次

第1講　数と関数　　1

1.1　数 —— 1
1.2　様々な数 —— 3
1.3　関数とそのグラフ —— 6
練習問題 —— 11

第2講　整式，展開，因数分解　　12

2.1　整　式 —— 12
2.2　展　開 —— 17
2.3　因数分解 —— 19
練習問題 —— 22

第3講　割　合　　23

3.1　割合，百分率，歩合 —— 23
3.2　割合に関する計算 —— 25
練習問題 —— 29

第4講　1次関数とそのグラフ　　30

4.1　1次関数とそのグラフ —— 30
4.2　直線の交点 —— 35
4.3　1次不等式と領域 —— 37
4.4　経済学における1次関数の応用：需要・供給関数 —— 39
練習問題 —— 41

第5講 2次関数とそのグラフ1　　　42

- 5.1　2次関数とそのグラフ ──────────── 42
- 5.2　2次関数のグラフの頂点の座標 ───────── 49
- 練習問題 ──────────────────── 53

第6講 2次関数とそのグラフ2　　　54

- 6.1　2次関数の平方完成 ────────────── 54
- 6.2　2次関数の最大値・最小値 ──────────── 57
- 練習問題 ──────────────────── 61

第7講 2次方程式　　　62

- 7.1　2次方程式とその解 ────────────── 62
- 7.2　2次方程式の解と2次関数のグラフ ─────── 66
- 練習問題 ──────────────────── 69

第8講 指　数　　　70

- 8.1　指　数 ─────────────────── 70
- 8.2　指数関数とそのグラフ ──────────── 77
- 練習問題 ──────────────────── 82

第9講 対　数　　　83

- 9.1　対　数 ─────────────────── 83
- 9.2　対数関数とそのグラフ ──────────── 87
- 9.3　常 用 対 数 ───────────────── 91
- 練習問題 ──────────────────── 93

第10講 数　列　　　　　　　　　　　　　　　　94

10.1 数　列 —————————————— 94
10.2 等差数列 ————————————— 96
10.3 等比数列 ————————————— 99
練習問題 ——————————————— 103

第11講 微分 1　　　　　　　　　　　　　　　104

11.1 極　限 —————————————— 104
11.2 微　分 —————————————— 107
練習問題 ——————————————— 115

第12講 微分 2　　　　　　　　　　　　　　　116

12.1 関数の積に関する微分 ——————— 116
12.2 関数の商に関する微分 ——————— 117
12.3 合成関数の微分 —————————— 120
練習問題 ——————————————— 124

第13講 微分の応用　　　　　　　　　　　　　125

13.1 接線の方程式 ——————————— 125
13.2 関数の微分とグラフ ———————— 128
13.3 関数の極値 ———————————— 131
練習問題 ——————————————— 134

第14講 場合の数　　　135

- 14.1　場合の数 ―――――――――― 135
- 14.2　和の法則 ―――――――――― 137
- 14.3　積の法則 ―――――――――― 138
- 14.4　順　列 ――――――――――― 140
- 14.5　組み合わせ ――――――――― 142
- 練習問題 ―――――――――――― 144

第15講 確　率　　　145

- 15.1　確　率 ――――――――――― 145
- 15.2　加法定理 ―――――――――― 149
- 15.3　独立な試行の乗法定理 ―――― 152
- 15.4　条件つき確率と乗法定理 ――― 153
- 練習問題 ―――――――――――― 156

練習問題解答　　157
索　引　　165

第1講 数と関数

■数は石器時代に誕生し，狼などの骨に刻み目をつけることで表現されていたと言われている．よって，石器時代において数は正の整数のみ考えられていたと思われるが，その後，文明の発展や数学の進展とともに有理数，無理数，負の数そして 0 などが発見され現在に至っている．本講では，様々な数について，そして数と数を関連づけるための一般的な概念である関数を学ぶ．

1.1 数

整 数

$\cdots, -k, \cdots, -3, -2, -1, 0, 1, 2, 3, \cdots, k, \cdots$ で表される数を**整数**という．

分 数

2つの整数 a, b を用いて $\dfrac{a}{b}$（ただし，$b \neq 0, 1$ かつ a は b の整数倍ではないとする）と表される数を**分数**という．分数は小数で表すこともでき，小数は以下の2つに分類される．

(1) 有限小数：小数点以下に現れる数が有限である小数
(2) 循環小数：小数点以下に現れる数が無限に循環する小数

> **例：有限小数と循環小数**
>
> 有限小数：$\dfrac{1}{4} = 0.25, \quad \dfrac{1}{2} = 0.5$
>
> 循環小数：$\dfrac{1}{3} = 0.3333\cdots = 0.\dot{3}, \quad \dfrac{1}{7} = 0.142857142857\cdots = 0.\dot{1}4285\dot{7}$

> 循環小数のうち，点が1つの数字の上についているときはその数字が繰り返される．
> 点が2つの数字の上についているときは1つ目の点がついている数字から次の点がついている数字までが繰り返される．

有理数

整数と分数を合わせて**有理数**という．つまり，2つの整数 a,b を用いて分数 $\dfrac{a}{b}$（ただし，$b \neq 0$）と表すことのできる数が有理数である．
$b=1$ とすると $\dfrac{a}{b}$ は整数になるので，$\dfrac{a}{b}$ で整数も分数も表すことができる．

無理数

有理数でない数を**無理数**という．つまり，整数でも，有限小数でも循環小数でもない数である．

例：無理数
$\sqrt{2} = 1.41421356\cdots$ ：平方根（詳細は **1.2節**と**第11講**で学ぶ．）
$\pi = 3.141592653589\cdots$ ：円周率

▶ 数の種類

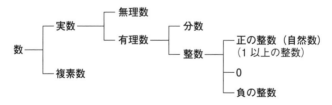

例題　循環小数を分数で表す

(Q) $0.\dot{1}4285\dot{7}$ を分数で表しなさい．

$x = 0.\dot{1}4285\dot{7}$ とすると $1000000x = 142857.\dot{1}4285\dot{7}$ となる．

これは $1000000x = 142857 + x$ とかけるので

$999999x = 142857$ となり，結局 $0.\dot{1}4285\dot{7} = x = \dfrac{142857}{999999} = \dfrac{1}{7}$．

やってみよう

1. 循環小数になる分数を1つ求めなさい．

2. 無理数の一つであるネイピア数を調べて小数点第8位までかきなさい．

3. $0.\dot{3}$ を分数で表しなさい．

4. $0.\dot{5}1\dot{2}$ を分数で表しなさい．

[答]
1. 例えば $\dfrac{1}{11}$　　2. ネイピア数 $e = 2.71828182$
3. $0.\dot{3} = x$ とおくと，$10x = 3.\dot{3} = 3 + x$ より $x = \dfrac{1}{3}$，従って $0.\dot{3} = \dfrac{1}{3}$．
4. $0.\dot{5}1\dot{2} = x$ とおくと，$1000x = 512.\dot{5}1\dot{2} = 512 + x$ より $x = \dfrac{512}{999}$，従って $0.\dot{5}1\dot{2} = \dfrac{512}{999}$．

1.2　様々な数

絶対値

数直線上において座標 0 の原点 O と座標 a の点 A との距離を a の**絶対値**といい，$|a|$ で表す.

▶ 絶対値の性質

(1) $|a| \geq 0$

(2) $a \geq 0$ のとき $|a| = a$, $a < 0$ のとき $|a| = -a$

例：絶対値

(1) $|-3| = 3$

(2) $|3| = 3$

(3) $|2-4| = |-2| = 2$

(4) $|2| + |-4| = 2 + 4 = 6$

繁分数

分子や分母の中に分数がある分数を**繁分数**（はんぶんすう）という．

例題 繁分数

以下の計算をしなさい．

(Q) $\dfrac{\frac{1}{3}}{\frac{1}{4}}$

$$\dfrac{\frac{1}{3}}{\frac{1}{4}} = \frac{1}{3} \div \frac{1}{4} = \frac{1}{3} \times 4 = \frac{4}{3}$$

(Q) $\dfrac{\frac{1}{3} + \frac{1}{4}}{\frac{1}{2} + \frac{1}{3}}$

$$\dfrac{\frac{1}{3} + \frac{1}{4}}{\frac{1}{2} + \frac{1}{3}} = \dfrac{\frac{7}{12}}{\frac{5}{6}} = \frac{7}{12} \div \frac{5}{6} = \frac{7}{12} \times \frac{6}{5} = \frac{7}{10}$$

(Q) $\dfrac{2}{1 + \frac{1}{3}}$

$$\dfrac{2}{1 + \frac{1}{3}} = \dfrac{2}{\frac{4}{3}} = 2 \div \frac{4}{3} = 2 \times \frac{3}{4} = \frac{3}{2}$$

平方根

2乗すると a になる数を a の**平方根**という*．実数を2乗すると必ず正の数になるので a は正の数である．また，正の数 a の平方根は正と負の2つあり，正の平方根を $\sqrt{a}$，負の平方根を $-\sqrt{a}$ とかく**．また，0の平方根は0だけであり，$\sqrt{0}=0$ とする．

例：平方根
(1) $4\times 4=16, -4\times -4=16$ なので 16 の平方根は $\pm\sqrt{16}=\pm 4$ である．
(2) $\sqrt{25}=\sqrt{5^2}=5$
(3) $(\sqrt{3})^2=3$
(4) $\sqrt{(-4)^2}=4$

やってみよう

1. a が次の値をとるとき，$|a+1|+|a-1|$ を求めなさい．

   (1) 2　　　(2) 1　　　(3) 0

2. 次の計算をしなさい．

   (1) $\dfrac{\frac{1}{2}}{\frac{3}{4}}$　　(2) $\dfrac{\frac{3}{2}\times\frac{4}{3}}{\frac{1}{3}\times\frac{3}{2}}$　　(3) $\dfrac{1}{1+\frac{1}{2+\frac{1}{2}}}$

3. 次の問いに答えなさい．

   (1) 36 の平方根を求めなさい．　　(2) $-\sqrt{64}$ を求めなさい．

[答]
1. (1) $|3|+|1|=4$　　(2) $|2|+|0|=2$　　(3) $|1|+|-1|=2$
2. (1) $\dfrac{1}{2}\div\dfrac{3}{4}=\dfrac{1}{2}\times\dfrac{4}{3}=\dfrac{2}{3}$　　(2) $\dfrac{2}{\frac{1}{2}}=2\div\dfrac{1}{2}=4$　　(3) $\dfrac{1}{1+\frac{1}{\frac{5}{2}}}=\dfrac{1}{1+\frac{2}{5}}=\dfrac{1}{\frac{7}{5}}=\dfrac{5}{7}$
3. (1) $6\times 6=36,\ -6\times -6=36$ なので，36 の平方根は $\pm\sqrt{36}=\pm 6$ である．
   (2) $-\sqrt{64}=-\sqrt{8^2}=-8$

---

* 平方根を一般化した概念や平方根の含まれた計算を**第8講**（指数）で学ぶ．
** 記号 $\sqrt{}$ を根号といい，$\sqrt{a}$ をルート a とよぶ．

1.3 関数とそのグラフ

　一般的に，価格が高いと需要量が減り，価格が安いと需要量が増えるので，物の需要量は価格により決定されると考えられる．このとき，需要量は価格の関数であるという．このように，1つの量が決まるとそれに応じてもう片方の量が1つ定まるという関係を数学的に表現したものを関数という．

関数

　2つの変数 x と y があり，x の値を決めると，何らかの規則に従って y の値がただ1つに決定されるとき，y は x の**関数**といい，$y=f(x)$ などとかく*．

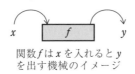

関数 f は x を入れると y
を出す機械のイメージ

定義域・値域

　$y=f(x)$ において，x のとり得る値の範囲を**定義域**という．そして，x が定義域全体を動くとき，y のとり得る値の範囲を**値域**という．

> **例：具体的な関数とその定義域，値域**
> (1)　$f(x)=2x+1$, $y=f(x)=2x+1$
> 　　　$x=0 \ \Rightarrow \ y=f(0)=2\times 0+1=1$
> 　　　$x=2 \ \Rightarrow \ y=f(2)=2\times 2+1=5$
> 　このように，x の値を決めると y の値が1つ決定されるので $f(x)=2x+1$ は関数である．
> 　x は実数全体をとることができ，その際 y は実数全体を動くので，定義域と値域はともに実数全体である．

＊ 関数は英語で function であり，その頭文字をとって関数を $f(x)$ とかくことが多いが，f 以外にも $y=g(x)$ などもよく使う．

(2) $f(x)=\sqrt{x}$, $y=f(x)=\sqrt{x}$

$x=0 \Rightarrow y=f(0)=0$

$x=2 \Rightarrow y=f(2)=\sqrt{2}$

x の値を決めると y の値が 1 つ決定されるので $f(x)=\sqrt{x}$ は関数である. $x=-1 \Rightarrow y=f(-1)=\sqrt{-1}$ となるが,このような実数 y は存在しないので $x=-1$ はこの関数においては定義されない. x は 0 以上の実数全体をとることができ,その際 y は 0 以上の実数全体を動くので,定義域と値域は 0 以上の実数全体である.

例題　関数

(Q) 関数 $y=3x+2$ において,$x=-2$ のときの y の値を求めなさい.

$x=-2$ を関数 $y=3x+2$ における x に代入すればよいので,$y=3\times-2+2=-4$.

(Q) 関数 $y=x^2$ において,$x=a+b$ のときの y の値を求めなさい.

$x=a+b$ を関数 $y=x^2$ における x に代入すればよいので,$y=(a+b)^2$.
x^2 は $x\times x$ なので,$x=a+b$ を代入して $(a+b)\times(a+b)=(a+b)^2$ と考えると分かりやすい.

(Q) 関数 $y=-2x^2+2x+1$ において,$x=a+b$ のときの y の値を求めなさい.

$x=a+b$ を関数 $y=-2x^2+2x+1$ における x に代入すればよいので,$y=-2(a+b)^2+2(a+b)+1$.

関数のグラフ

関数 $y=f(x)$ を x-y 平面上に図示したものを関数 $y=f(x)$ の**グラフ**という.

適当な x の値と,そのときの y の値について表を作成し,対応する点 (x,y) を x-y 平面にプロットし,その点をつなぐことで大まかなグラフを知ることができる.

> **例題** 関数のグラフ

(Q) $y = 2x + 1$ の大まかなグラフをかきなさい.

x	$\cdots$	-2	-1	0	1	2	$\cdots$
y	$\cdots$	-3	-1	1	3	5	$\cdots$

このような表を作り，対応する x–y 平面上の点をなめらかにつなぐと，大まかなグラフの形が分かる．

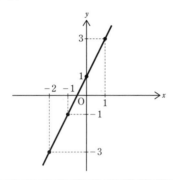

グラフの平行移動

関数のグラフについて，形を保ったまま回転もさせずそのグラフを移動させることを**平行移動**という．

> **公式●平行移動させたグラフの式**
>
> 関数 $y = f(x)$ のグラフを x 方向に p，y 方向に q だけ平行移動させたグラフの式は，
>
> $$y - q = f(x - p)$$

[考え方]

$y = f(x)$ を x 方向に p，y 方向に q だけ平行移動させたグラフの式を求める．

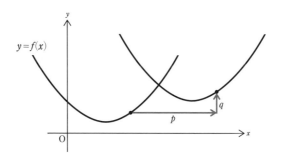

ある1点(x, y)をx方向に$-p$, y方向に$-q$だけ平行移動させた点$(X, Y) = (x-p, y-q)$が$y = f(x)$上に乗るような点の集合(x, y)が求めたいグラフの式である.

従って, $Y = f(X) \Rightarrow y - q = f(x - p)$が平行移動されたグラフの式となる.

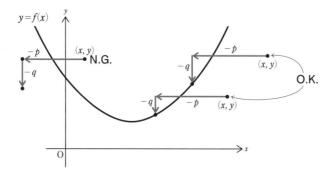

例 題	グラフの平行移動

(Q) 関数$y = 2x + 1$のグラフをx方向に1, y方向に-2だけ平行移動させたグラフの式を求めなさい.

公式「平行移動させたグラフの式」より, $y - (-2) = 2(x - 1) + 1$なので, 整理すると*, $y = 2x - 3$.

(Q) 関数$y = ax + b$のグラフをx方向にp, y方向にqだけ平行移動させたグラフの式を求めなさい.

公式「平行移動させたグラフの式」より, $y - q = a(x - p) + b$. 整理すると, $y = ax - ap + b + q$.

---

* 式の整理の仕方は次講で学ぶ.

1.3 関数とそのグラフ

やってみよう

1. 次の関数 $f(x)$ において，$x=2$ のときの $f(x)$ の値を求めなさい．
   (1) $f(x)=4x^3+x-1$ (2) $f(x)=-x^2+2$ (3) $f(x)=2\sqrt{x}$

2. 次の関数について x,y に関する表をかき，その表をもとに大まかなグラフをかきなさい．
   (1) $y=2x-1$ (2) $y=x^2$

3. 次の関数のグラフを x 方向に 2，y 方向に -1 平行移動したグラフの式を求めなさい．
   (1) $y=x$ (2) $y=2x+1$ (3) $y=-3x+2$

[答]

1. (1) $f(2)=4\times 2^3+2-1=33$ (2) $f(2)=-2^2+2=-2$ (3) $f(2)=2\sqrt{2}$

2. (1)

x	-1	0	1	2
y	-3	-1	1	3

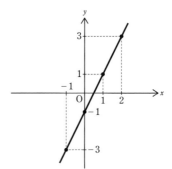

(2)

x	-2	-1	0	1	2
y	4	1	0	1	4

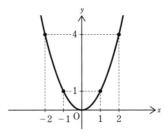

3. (1) $y-(-1)=(x-2)$ より，$y=x-3$． (2) $y-(-1)=2(x-2)+1$ より，$y=2x-4$．
   (3) $y-(-1)=-3(x-2)+2$ より，$y=-3x+7$．

練習問題

1. 次の問いに答えなさい．

   (1) $\dfrac{5}{13}$ を小数で表したとき，小数第百位の数字を求めなさい．

   (2) $\dfrac{16}{37}$ を小数で表したとき，小数第一位から第百位までの数字の和はいくつか求めなさい．

   (3) 有理数において分母の数の素因数が 2, 5 だけからなるとき，その有理数は有限小数となることが知られている．これを使って以下の有理数のうちどれが有限小数で表されるか答えなさい．

   $\dfrac{14}{11},\ \dfrac{4}{5},\ \dfrac{3}{40},\ \dfrac{11}{125},\ \dfrac{5}{36}$

2. $y = -3x + 2$ はどのように平行移動すると $y = -3x - 3$ と重なるか，その一例を答えなさい．

3. 次の方程式を解きなさい．

   (1) $x^2 = 36$　　(2) $x^2 = 5$　　(3) $x^2 = -49$

第2講
整式，展開，因数分解

■ 本講では，まず文字が含まれた式に関する様々なルールや計算法を学ぶ．算数と数学の最も大きな違いの一つは文字を利用するかどうかであり，文字式を使いこなすことが数学を理解する第一歩といえる．その後，様々な単元で用いられる展開と因数分解を学ぶ．展開と因数分解も文字式の扱いが分かっていないと理解することはできない．

2.1 整 式

単 項 式

数字や文字あるいはそれらを掛け合わせた式を**単項式**という．

例：単項式
$2, x, 3x, -2x^2, -4abx^3y^2$

係 数

単項式における文字の前の数字を**係数**という．

例：係 数
(1) 単項式 $3a$ において係数は 3 である．
(2) 単項式 ab において係数は 1 である*．
(3) 単項式 $2x^2$ において係数は 2 である．
(4) 単項式 $-2xy$ における係数は -2 である．

---

* 後述するが，文字の前に数字がないときの係数は 1 である．

次 数

単項式に含まれている文字の数を**次数**という.

> **例：次 数**
> (1) 単項式 $2x$ の次数は 1 である.
> (2) 単項式 xy の次数は 2 である.
> (3) 単項式 ab^2 の次数は 3 (なぜなら $ab^2 = a \times b \times b$) である*.
> (4) 単項式 x^2 の次数は 2 である.

多項式

いくつかの単項式の和でできている式を**多項式**という.

そして，多項式に含まれる単項式の最大次数を n とすると，その多項式を **n 次多項式**とよぶ.

> **例：多項式**
> $$3a + b - 2x + y^3 + 3 \quad (3 次多項式)$$
> $$2x^4 + 3x^3 + x^2 - x + 1 \quad (4 次多項式)$$

項

多項式の中の各単項式を**項**という.

> **例：項**
> 多項式 $3a + b - 2x + y^3 + 3$ において項は
> $$3a,\ b,\ -2x,\ y^3,\ 3$$
> である.

---

* 第8講で詳しく述べる.

整式

単項式と多項式を合わせて**整式**という．

例：整 式

$3a + b - 2x + y^3 + 3$

$S = ab + 5$

同類項

整式における項の中で文字の部分が同じである項を**同類項**という．

例：同類項

整式 $4x^2 + 3ab - 2xy^2 + ab + 3xy^2 - 2x^2 + 2ab^2 - a^2b$ において同類項は，

$4x^2$ と $-2x^2$

$3ab$ と ab

$-2xy^2$ と $3xy^2$

である．

▶ 文字式の書き方のルール

(1) 掛け算は省く

例：$3 \times a \times b = 3ab$

$3 \times x \times 3 = (3 \times 3) \times x = 9x$ （数字は計算する）

(2) 割り算は分数を使う

例：$a \div b = \dfrac{a}{b}$

$8ab \div 2b^2 = \dfrac{8ab}{2b^2} = \dfrac{4a}{b}$ （同じ文字や数字は約分する）

(3) 係数 1 は省略する

> 例：$1 \times a = a$, $-1 \times a = -a$

(4) 同じ文字を掛けるときは累乗*を使う

> 例：$a \times a = a^2$, $a \times x \times a \times x \times x = a^2 x^3$

(5) 項においては，数字，文字（アルファベット順）の順でかく

> 例：$3 \times b \times a \times x \times f = 3abfx$

(6) 整式においては，ある文字に着目して次数が高い順（「降べき」の順という）に項を整理する

> 例：$x^2 + xy - 4y^2 - 3x + 4y + 3$ を整理する．
> x について降べきの順に整理すると，$x^2 + (y-3)x + (-4y^2 + 4y + 3)$
> y について降べきの順に整理すると，$-4y^2 + (x+4)y + (x^2 - 3x + 3)$

▶ 文字式の計算ルール

(1) 同類項の足し算，引き算は係数同士を足し算，引き算してまとめる

> 例：$3xy^2 + 2xy^2 - xy^2 = (3+2-1)xy^2 = 4xy^2$ （係数 1 は省略されていることに注意しよう．）

(2) 文字には数字を代入できる

> 例：$3x$ に $x = -3$ を代入すると，$3 \times -3 = -9$
> $-3ab^2$ に $a = 2$, $b = -1$ を代入すると，$-3 \times 2 \times (-1)^2 = -6$

---

* 累乗に関しては**第8講**で詳しく学ぶ．

▶ **なぜ文字式を使うのか？**

(1) 答えが分からないものを文字で代用すると式が立てやすい

> 例：1ℓ が 150 円のガソリンを 1200 円分入れると何 ℓ 入るか？
> ➡ 入れたガソリンを $x\ell$ とすると，$150x = 1200$ と式をかくことができ，この式から x を求めると $x = \dfrac{1200}{150} = 8$ となり 8ℓ と分かる．

(2) 一般的に式を表現できる（公式化できる）

> 例：1000 円の物に消費税 8％が加わるといくらになるか？*
> $1000 + 1000 \times 0.08 = 1000 + 80 = 1080$ 円
> ↓より一般的に
> x 円の物に消費税 8％が加わるといくらになるか？
> ➡ $x + x \times 0.08 = 1.08x$ 円……公式として使える．
> 例えば 575 円の物を買った場合，$x = 575$ を代入して $1.08 \times 575 = 621$ 円と上の式に具体的な数字を当てはめることで計算できる．

やってみよう

1. 次の多項式における各項の係数を求めなさい．また多項式における最大次数を求めなさい．
    (1) $-2x^2 + 3xyz$ (2) $abc + 2xyz + 3$

2. 以下の計算をしなさい．
    (1) $8x \times (-3)$
    (2) $-a \times (-3)$
    (3) $3a \times 2b$
    (4) $a \div b$
    (5) $a \times (-4) + b \times \dfrac{2}{3}$
    (6) $a \times y \times d \times m \times (-3) \times c$
    (7) $a \times (-2) \times a \times 3 \times a$
    (8) $a \times 3 \times a + b \times 2$
    (9) $a \times 2 \times a + a \times a \times 4$
    (10) $3x^2 y \div xy$

---

* 消費税の考え方は**第3講**で学ぶ．

3. 1辺が a の正三角形の面積を S とする．このときこの正三角形の高さは $\dfrac{\sqrt{3}}{2}a$ である．S を a で表しなさい．また，a が 2 のときの面積 S を求めなさい．

[答]
1. (1) $-2x^2$ の係数は -2，$3xyz$ の係数は 3，そして多項式の最大次数は 3．
   (2) abc の係数は 1，$2xyz$ の係数は 2，そして多項式の最大次数は 3．
2. (1) $-24x$ (2) $3a$ (3) $6ab$ (4) $\dfrac{a}{b}$ (5) $-4a+\dfrac{2}{3}b$ (6) $-3acdmy$
   (7) $-6a^3$ (8) $3a^2+2b$ (9) $6a^2$ (10) $3x$
3. $S = a \times \dfrac{\sqrt{3}}{2}a \times \dfrac{1}{2} = \dfrac{\sqrt{3}}{4}a^2$，$a=2$ を代入すると $S=\sqrt{3}$．

2.2 展開

展開

整式の中のカッコを開くことを**展開**という．

展開には様々な公式が存在するが，基本的には次の分配法則のみ覚えればよい．

公式●分配法則 1

$$a(b+c) = ab + ac$$
$$(a+b)c = ac + bc$$

公式●分配法則 2

$$(a+b)(x+y) = ax + bx + ay + by$$

同様にして項をいくらでも増やすことができる．

$$(a+b+c)(x+y) = ax + ay + bx + by + cx + cy$$

[考え方]

公式「分配法則1」を使うことで公式「分配法則2」は簡単に導くことができる.

$$(a+b)(x+y) = \overbrace{(a+b)}^{A\text{とおく}}(x+y) = A(x+y)$$
$$= Ax + Ay \underset{\text{もとに戻す}}{=} (a+b)x + (a+b)y$$
$$= ax + bx + ay + by$$

が求まる.

分配法則を繰り返し使うことでどんな複雑な展開も求めることができる.

例：分配法則

(1) $(x+y)^2 = (x+y)(x+y) = x^2 + xy + yx + y^2$
$\qquad\qquad = x^2 + 2xy + y^2$

(2) $(x+y)^3 = (x+y)(x+y)(x+y) = (x^2 + 2xy + y^2)(x+y)$
$\qquad\quad = x^3 + x^2y + 2x^2y + 2xy^2 + xy^2 + y^3$
$\qquad\quad = x^3 + 3x^2y + 3xy^2 + y^3$

(3) $-2\{(x+2)^2 - 3\} = -2(x+2)^2 - 2 \times (-3) = -2(x^2 + 4x + 4) + 6$
$\qquad\qquad = -2x^2 - 8x - 8 + 6 = -2x^2 - 8x - 2$

やってみよう

次の整式を展開しなさい.

(1) $3(x+2)$　　(2) $a(b+c)$　　(3) $(x+3)(x+4)$

(4) $(x+a)(y+b)$　　(5) $(x+1)^2(x-1)$

[答]

(1) $3x+6$　　(2) $ab+ac$　　(3) $x^2+7x+12$　　(4) $xy+bx+ay+ab$　　(5) x^3+x^2-x-1

2.3 因数分解

本節では x の 2 次多項式に関する因数分解を学ぶ.

因数分解

整式を積の形でまとめること(展開の逆をやること)を因数分解という.

$$(x+a)(x+b) \underset{\text{因数分解}}{\overset{\text{展開}}{\rightleftarrows}} x^2+(a+b)x+ab$$

公式●:因数分解

(1) x^2 の係数が 1 のとき

$$x^2+(a+b)x+ab = (x+a)(x+b)$$

(2) x^2 の係数が 1 でないとき

$$acx^2+(ad+bc)x+bd = (ax+b)(cx+d)$$

因数分解を行いたい数式において,それぞれの項の係数に対して上の公式の a,b や a,b,c,d に対応する数字を見つけることで因数分解を行うことができる.

例:因数分解

(1) $x^2 + \underbrace{5}_{2+3}x + \underbrace{6}_{2\times 3} = (x+2)(x+3)$

(2) $\underbrace{8}_{4\times 2}x^2 + \underbrace{10}_{4\times 1+3\times 2}x + \underbrace{3}_{3\times 1} = (4x+3)(2x+1)$

例題　因数分解1

(Q) $x^2 + 9x + 20$ を因数分解しなさい.

x^2 の係数が1なので公式「因数分解」の(1)を使う.

$x^2 + 9x + 20$ と $x^2 + (a+b)x + ab$ を比べると, $a+b = 9$, $ab = 20$ を満たす a, b を求めればよいことが分かる.

(a, b)	$ab = 20$	$a + b = 9$	
$(1, 20)$	$1 \times 20 = 20$ →	$1 + 20 = 21 \neq 9$	×
$(-1, -20)$	$-1 \times -20 = 20$ →	$-1 + (-20) = -21 \neq 9$	×
$(2, 10)$	$2 \times 20 = 20$ →	$2 + 10 = 12 \neq 9$	×
$(-2, -10)$	$-2 \times -10 = 20$ →	$-2 + (-10) = -12 \neq 9$	×
$(4, 5)$	$4 \times 5 = 20$ →	$4 + 5 = 9$	○

表より $a = 4, b = 5$ は条件を満たす. 従って

$$x^2 + 9x + 20 = (x + \underbrace{4}_{a})(x + \underbrace{5}_{b})$$

(Q) $15x^2 - 13x + 2$ を因数分解しなさい.

x^2 の係数が $15 (\neq 1)$ なので公式「因数分解」の(2)を使う.

$15x^2 - 13x + 2$ と $acx^2 + (ad + bc)x + bd$ を比べると, $ac = 15$, $ad + bc = -13$, $bd = 2$ を満たす a, b, c, d を見つければよいことが分かる.

この a, b, c, d を求めるためには, 次のたすき掛けの方法が有用である.

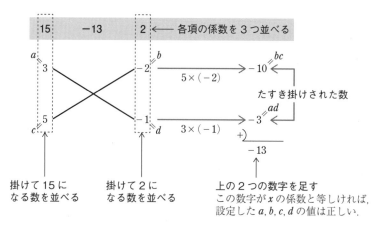

これより $a=3$, $b=-2$, $c=5$, $d=-1$ が条件を満たす．従って
$$15x^2-13x+2=(\underbrace{3}_{a}x\underbrace{-2}_{b})(\underbrace{5}_{c}x\underbrace{-1}_{d})$$

なお，公式「因数分解」の (2) は以下のようにして導くことができる．

$$\begin{aligned}
acx^2+(ad+bc)x+bd &= \frac{1}{ac}\{(acx)^2+ac(ad+bc)x+acbd\} \\
&= \frac{1}{ac}(A^2+(ad+bc)A+abcd) \quad (acx=A \text{ とおく}) \\
&= \frac{1}{ac}(A+bc)(A+ad) \\
&= \frac{1}{ac}(acx+bc)(acx+ad) \quad (A \text{ をもとに戻す}) \\
&= \frac{1}{ac}c(ax+b)a(cx+d) \\
&= (ax+b)(cx+d)
\end{aligned}$$

この導出法をそのまま因数分解の問題に適用すれば，たすき掛けの方法を用いる必要はない．

例題　因数分解 2

(Q) たすき掛けの方法を使わず $15x^2-13x+2$ を因数分解しなさい．

$$\begin{aligned}
15x^2-13x+2 &= \frac{1}{15}\{(15x)^2-13\times(15x)+15\times 2\} \\
&= \frac{1}{15}(A^2-13A+30) \quad (15x=A \text{ とおく}) \\
&= \frac{1}{15}(A-10)(A-3) \\
&= \frac{1}{15}(15x-10)(15x-3) \quad (A \text{ をもとに戻す}) \\
&= \frac{1}{15}5(3x-2)3(5x-1) \\
&= (3x-2)(5x-1)
\end{aligned}$$

やってみよう

次の整式を因数分解しなさい．

(1) x^2-6x+9 　　(2) $2x^2+18x-20$ 　　(3) x^2-25y^2

(4) x^2+x-20 　　(5) $9x^2-6x+1$ 　　(6) $2x^2-5x-3$

[答]

(1) $(x-3)^2$ 　　(2) $2(x+10)(x-1)$ 　　(3) $(x+5y)(x-5y)$ 　　(4) $(x+5)(x-4)$

(5) $(3x-1)^2$ 　　(6) $(2x+1)(x-3)$

練習問題

1. $x=-1$, $y=2$ のとき，次の整式の値を求めなさい．

(1) $(x+2)^3-(y-1)^2$ (2) $-(x-y)+3(x+y)$ (3) x^2+y^2-xy

2. $A=x+y$, $B=2x-2y$ のとき，次の整式を x,y を用いて表し，x についての降べきの順で整理しなさい．

(1) $A-B$ (2) $-2A+4B$ (3) A^2+B^2

3. 次の問いに答えなさい．

(1) 整数 m, n がある（ただし，$m<n$）．その差は 2 で，それらの積は 48 である．この条件を整式で表しなさい．

(2) 半径 a の円の面積 S として，S を a を用いて表しなさい．ただし円周率は π とする．

(3) 3 の倍数同士の和を X として，X を適当な文字を使って表現しなさい．

4. 次の整式を展開して，x について降べきの順に整理しなさい．

(1) $(x-a)(x-b)(x-c)$ (2) $(3x+2y)(x-y)$ (3) $(-x^2+2y)^2$

5. 次の整式を因数分解しなさい．

(1) $6(x+y)^2-(x+y)-2$ (2) $(x-y)(x-y-4)+4$

(3) $(3x+3y+4)(x+y-2)+7$

第3講
割 合

■割合は我々の日常生活に深い関わりがある．消費税や，服のセール，野球の打率などは割合の典型例である．割合に関連する様々な計算を本講で学ぶ．

3.1 割合，百分率，歩合

 ある量を基準にして，それと比べられる量が何倍にあたるかを表した数を考える．基準にする量の値をいくつにするかで以下の3つの表し方がある．

- **割 合**　基準にする量を1としたときの比べられる量の大きさを表す数を**割合**という．つまり，比べられる量が基準となる量の何倍かを表すのが割合である．

- **百分率**　基準にする量を100としたときの比べられる量の大きさを表す数を**百分率**という．百分率は単位として％（パーセント）が使われる．例えば，割合で0.725は百分率では72.5％となる．

- **歩 合**　基準にする量を10としたときの比べられる量の大きさを表す数を**歩合**という．歩合は単位として割（わり），分（ぶ），厘（りん）が使われる．割合を表す0.1を1割，0.01を1分，0.001を1厘という．例えば，割合で0.725は歩合では7割2分5厘となる．

[考え方]

　割合，百分率そして歩合は，基準となる数が異なるだけなので，それに注意して互いに変換させることができる．

$$
\begin{array}{ccccc}
\text{百分率} & & \text{割合} & & \text{歩合} \\
100a\% & \xrightarrow{\times \frac{1}{100}} & a & \xrightarrow{\times 10} & 10a \\
72.5\% & \xleftarrow[\times 100]{} & 0.725 & \xleftarrow[\times \frac{1}{10}]{} & 7.25 \\
& & & & \parallel \\
& & & & 7\text{割}2\text{分}5\text{厘}
\end{array}
$$

例題　割合，百分率，歩合

次の百分率と歩合を割合に直しなさい．

(Q) 33%

　百分率を100分の1すると割合になるので，百分率33％を割合に直すと $\dfrac{33}{100}=0.33$ となる．

(Q) 4割2分7厘

　4割2分7厘は4.27で，それを10分の1すれば割合になるので，割合に直すと0.427となる．

やってみよう

1. 百分率68％を歩合に直しなさい．

2. 歩合2割3厘を割合に直しなさい．

3. 割合0.42を百分率に直しなさい．

4. 割合0.721を歩合に直しなさい．

[答]

1. 6割8分　　2. 0.203　　3. 42％　　4. 7割2分1厘

3.2 割合に関する計算

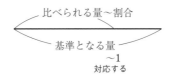

線分で割合を表すと上図のようになる．この線分の関係を比に直すと，

　　基準となる量：1 ＝ 比べられる量：割合*

割合の問題は，線分をかき，線分を参考にしながら対応する比の式を解くとよい．

割合の問題は「割合」を求めるか，「比べられる量」を求めるか，「基準となる量」を求めるかのどれかに当てはまる．

例 題　割合の求め方

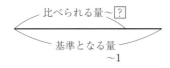

(Q) 経済学部には全員で 350 名いる．そのうち男子は 200 名である．経済学部における男子の割合を求めなさい．

$350:1=200:x$．この比を解いて x を求めればよい．

$350x=200$ より，$x=\dfrac{200}{350}=\dfrac{4}{7}$．

従って，男子の割合は $\dfrac{4}{7}$ である．

---

* 比の計算……$a:b=c:d \leftrightarrow ad=bc$

(Q) ある遊園地において，去年の入場者数は 8000 人だったが今年の入場者数は 6000 人であった．入場者数が減った割合を求めなさい．

　8000 人が 6000 人になったので 8000－6000＝2000 人減ったことになる．従って，2000 人の 8000 人に対する割合を求めればよい．

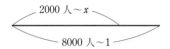

$8000:1=2000:x$ より，$x=\dfrac{2000}{8000}=\dfrac{1}{4}$ となる．つまり $\dfrac{1}{4}$ だけ減った．

例題　比べられる量の求め方

(Q) 定価 7000 円の物を，30％引きで買った．いくらで買ったかを求めなさい．

　30％を割合に直すと 0.3 であることに注意して，30％がいくらに相当するかを求める．

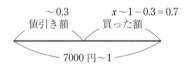

$7000:1=x:0.3$ より，$x=7000\times 0.3=2100$ なので，2100 円引きとなり，結局 7000－2100＝4900 より 4900 円で買ったことが分かる．

[別解]

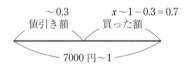

買った額が知りたいので，割引された際の割合を知る必要があり，それは図より $1-0.3=0.7$ であると分かる．従って，$7000:1=x:(1-0.3)$ と比の式が立てられる．これを解くと $x=7000\times 0.7=4900$ となり，4900 円で買ったことが分かる．

(Q) 3500 円に消費税 8% が加わると総額いくらになるかを求めなさい．

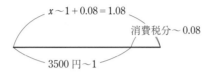

図より，消費税分の割合が 0.08 なので，求めたい金額の割合は $1+0.08=1.08$ となる．従って，$3500:1=x:1.08$ と比の式を求めることができる．

これを解くと $x=3500\times 1.08=3780$ 円となる．

上の 2 つの例題から分かるように，消費税など一定の利率が加わる場合の割合は「1＋加わる利率に対応する割合」となり，セールなど一定の利率が割り引かれる場合の割合は「1－割り引かれる利率に対応する割合」となる．

例題　基準となる量の求め方

(Q) A 君はある月のバイト代の 40% に当たる 32000 円を貯金した．A 君のこの月のバイト代を求めなさい．

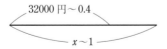

図より，比の式は $x:1=32000:0.4$ なので，$0.4x=32000$ となる．従って，$x=\dfrac{32000}{0.4}=80000$ 円と分かる．

(Q)「定価の30%引き」と値札にかかれている物を700円で買った．定価を求めなさい．

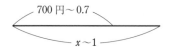

定価の70%で買ったことになる．
　図より，比の式は $x : 1 = 700 : 0.7$ なので，$0.7x = 700$ となる．従って，$x = \dfrac{700}{0.7} = 1000$ 円と分かる．

やってみよう

1. 120円を基準にしたとき，80円の割合を求めなさい．

2. 40ℓ は 70ℓ の何%であるか答えなさい．

3. A君の1ヶ月のお小遣いは8000円である．今月お小遣いの残りが1500円であった．A君が今月使ったお小遣いの割合を求めなさい．

4. B君は1ヶ月のお小遣いの3割を貯金し，残りの4割を昼食代に使い，残った金額を自由に使える．B君が自由に使える金額は全体の何%か求めなさい．

5. Cさんの年収は680万円で，これは去年の年収の170%であった．Cさんの去年の年収はいくらか求めなさい．

[答]
1. $120 : 1 = 80 : x$ より，$x = \dfrac{80}{120}$．割合は $\dfrac{2}{3}$．
2. $70 : 1 = 40 : x$ より，$x = \dfrac{40}{70}$．割合は $\dfrac{4}{7}$ なので，百分率で表すと $\dfrac{4}{7} \times 100 \approx 57\%$．
3. $8000 : 1 = (8000 - 1500) : x$ より，割合は $\dfrac{13}{16}$．
4. お小遣いを x 円とすると3割貯金して残った金額は $0.7x$．そのうちの4割を昼食に使ったので残りは $0.6(0.7x) = 0.42x$．従って自由に使える金額は全体の42%．
5. $680万 : 1.7 = x : 1$ より，$x = 400$ 万円．

練習問題

1. 洋服を1着25000円で仕入れた．
   (1) 利益を3割5分見込んで定価をつけるとすると定価はいくらになるか求めなさい．ただし，定価＝仕入れ値＋利益とする．
   (2) (1)の価格では売れなかったので，その定価から2割引きして売ることにした．結局利益はいくらになったのか求めなさい．

2. 定価3000円のケーキを2割引きし，さらに400円おまけして売った結果，利益は800円となった．このケーキの仕入れ値はいくらか求めなさい．

3. 新幹線に1500人乗っていて，乗車率は150％であった．ただし，乗車率とは電車の定員数をもとにしたときの乗客数の割合を百分率で表したものとする．
   (1) この新幹線の定員は何人か求めなさい．
   (2) ある駅で乗客の25％が下車し，誰も乗車しなかった．乗車率は何％になったか答えなさい．

4. 家電量販店X店では，買った品物の金額に消費税8％を付け加えた金額から35％引きする．一方，家電量販店Y店では，買った品物の金額から35％引きした金額に消費税8％を加える．どちらの店で買った方が得か求めなさい．

第4講
1次関数とそのグラフ

■この講では，まず最も基本的な関数である1次関数を考える．関数を扱う上で重要なことは関数のグラフを理解することである．1次関数のグラフは直線であるが，1次関数とそのグラフである直線との関連を本講で学ぶ．また，1次関数は経済学における，需要関数，供給関数や予算制約式などとも関連する．

4.1　1次関数とそのグラフ

1次関数

y が x の関数で，$y = ax + b$（a, b は定数で $a \neq 0$）と表されるとき，この関数を **1次関数** とよぶ．

> **例：1次関数**
> (1) $y = 3x + 2$, $y = -x - 2$, $y = \dfrac{1}{2}x$ など
> (2) 1個100円のチョコレートを x 個買い，それらを80円でラッピングしたときの代金を y 円とすると，$y = 100x + 80$ となり y は x の1次関数である．

1次関数のグラフ

1次関数 $y = ax + b$ のグラフは**直線**となり，1次関数における a はグラフの**傾き**，b はグラフの**切片**に対応する．

　　傾き（a）：x が $+1$ だけ変化したときの y の変化量

　　切片（b）：y 軸と交わる点（$x = 0$ における y の値）

例 題　直線のグラフの式

(Q) 以下のグラフを表す1次関数を求めなさい.

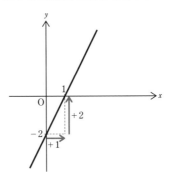

直線は $y=-2$ で y 軸と交わっているので切片 $b=-2$.
x が $+1$ 変化すると y が 2 だけ変化するので傾き $a=2$.
よって, $y=2x-2$.

(Q) 次のグラフの傾きを求めなさい.

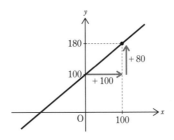

x が $+100$ 変化すると, y が $+80$ 変化する. グラフは直線なので, x の変化量が何分の1かされると y の変化量も同じように何分の1かされる.

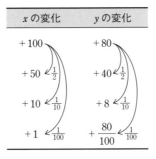

x が 100 変化すると y が 80 変化する.

→ x が 1 変化すると y が $\dfrac{80}{100} = \dfrac{4}{5}$ 変化する. 従って, 傾きは $\dfrac{4}{5}$ である.

一般に傾きに関して以下の公式が成り立つ.

公式●直線の傾き

$$傾き = x \text{ が } +1 \text{ だけ変化したときの } y \text{ の変化量}$$
$$= \dfrac{y \text{の変化量}}{x \text{の変化量}}$$

例題 直線の傾き

(Q) 次のグラフの傾きを求めなさい.

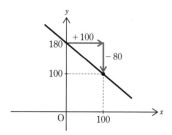

傾き $= \dfrac{-80}{100} = -\dfrac{4}{5}$

(Q) 2点 $(2, 4)$, $(10, 0)$ を通る直線の式を求めなさい.

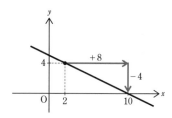

傾き $= \dfrac{0-4}{10-2} = \dfrac{-4}{8} = -\dfrac{1}{2}$ となり, 切片を b とおくと, 直線の式は $y = -\dfrac{1}{2}x + b$ (b は定数) とかける.

この直線 $y = -\frac{1}{2}x + b$ は $(2, 4)$ を通るので，$y = -\frac{1}{2}x + b$ に $x = 2$，$y = 4$ を代入してよい．

よって，$4 = -\frac{1}{2} \times 2 + b$ となり，$b = 5$ と分かる．これより求める直線の式は $y = -\frac{1}{2}x + 5$ となる．

直線の傾きと，その直線が通る一点が定まっているとき，以下のように直線の方程式を求められる．

公式●直線の式

傾き s で点 (a, b) を通る直線の式は

$$y - b = s(x - a)$$

[考え方]

傾き s で点 (a, b) を通る直線は，$y = sx$ を x 方向に a，y 方向に b だけ平行移動したものなので

$$y - b = s(x - a)$$

とかける*．

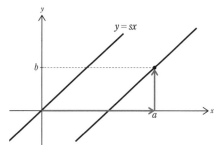

例題　直線の式

(Q) 傾きが -3 で，点 $(2, 1)$ を通る直線を表す式を求めなさい．

公式「直線の式」より

$$y - 1 = -3(x - 2), \quad y = -3x + 7.$$

---

* 関数のグラフの平行移動に関しては**第1講**を見よ．

やってみよう

1. 以下の直線のグラフを表す1次関数を求めなさい．

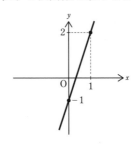

2. 傾きが -2，切片が -2 の直線の方程式を求めなさい．また，そのグラフをかきなさい．

3. 2点 $(0, 5)$，$(10, 0)$ を通る直線の方程式の式を求めなさい．

4. 傾きが4で，点 $(-1, -2)$ を通る直線の方程式を求めなさい．

5. $y = -2x - 1$ のグラフを x 方向に -2，y 方向に2だけ平行移動したグラフの式を求めなさい．また，そのグラフをかきなさい．

[答]

1. 傾き $= \dfrac{2-(-1)}{1-0} = 3$．切片 $= -1$ より $y = 3x - 1$

2. $y = -2x - 2$

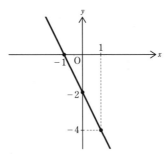

3. 傾き $= \dfrac{-5}{10} = -\dfrac{1}{2}$ で，$(0, 5)$ を通るので切片が5．よって直線の方程式は $y = -\dfrac{1}{2}x + 5$．

4. 求めたい直線の方程式を $y = 4x + b$ とおくと，その直線は点 $(-1, -2)$ を通るので，

$x=-1$, $y=-2$ を直線の式に代入できる．$-2=4\times-1+b$ より $b=2$. よって直線の方程式は $y=4x+2$.

5. 第1講の公式「平行移動させたグラフの式」より $y-2=-2(x-(-2))-1$, よって $y=-2x-3$.

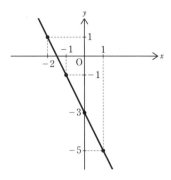

4.2 直線の交点

直線の交点

複数の直線が共通して通る点を**直線の交点**という．

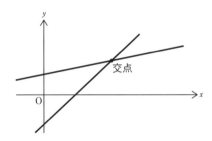

直線の交点の座標

1次関数 $y=a_1x+b_1$, $y=a_2x+b_2$ で表される 2 つの直線の交点の座標 (x^*, y^*) は

$$\begin{cases} y^*=a_1x^*+b_1 \\ y^*=a_2x^*+b_2 \ (\text{ただし} a_1 \neq a_2 \text{とする}) \end{cases}$$

で表される連立1次方程式の解として求められる．

[考え方]

交点の定義から，2つの直線は同じ点 (x^*, y^*) を通るので，

$y^* = a_1 x^* + b_1$

$y^* = a_2 x^* + b_2$

が満たされる．この2式を連立して (x^*, y^*) を求めれば交点の座標が求められる．

例題　直線の交点の座標

(Q) $y = 2x$ と $y = x + 1$ で表される2つの直線の交点の座標 (x^*, y^*) を求めなさい．

$$\begin{cases} y^* = 2x^* \\ y^* = x^* + 1 \end{cases}$$

この連立1次方程式を解けばよい．両式とも左辺が y^* で等しいので，右辺同士も共に等しくなければならない．従って，$2x^* = x^* + 1$ より，$x^* = 1$ が求められる．$x^* = 1$ をどちらかの式に代入することで $y^* = 2$ を得る．よって $(x^*, y^*) = (1, 2)$．

やってみよう

1. $y = 3x - 1$ と $y = -2x + 4$ のグラフの交点を求めなさい．

2. $y = 2x + 3$ と $y = 2x + 1$ のグラフの交点を求めなさい．

3. $y = ax + 2$ と $y = -3x + 1$ が交点を持つための a の条件を求めなさい．

4. $y = 2x + 2$, $y = -5x + 9$ と $y = ax + 3$ が共通の交点を持つとき a の値を求めなさい．

[答]

1. 交点の座標を (x^*, y^*) とすると，$y^* = 3x^* - 1$ と $y^* = -2x^* + 4$ の2式を連立して解けばよい．従って $3x^* - 1 = -2x^* + 4$ を解けばよく $x^* = 1$ が求まる．$x^* = 1$ をどちらかの方程式に代入して $y^* = 2$ を得る．

2. この 2 つの直線のグラフの傾きは等しいので交点は持たない．連立 1 次方程式で考えると，$2x+3=2x+1$ となり $0=2$ が得られるので連立方程式を満たす x は存在しないことになる．つまり交点を与える (x, y) が存在しない．

3. 傾きが違えば交点を必ず持つので，$a \neq -3$ が交点を持つための条件である．

4. $y=2x+2$ と $y=-5x+9$ の交点は $(1, 4)$ なので，$y=ax+3$ も $(1, 4)$ を通ればよい．よって $4=a+3$ より $a=1$ が得られる．

4.3　1 次不等式と領域

1 次不等式が示す $x-y$ 平面における領域

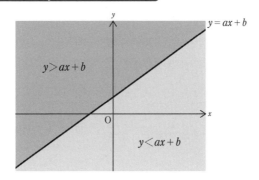

$y > ax+b$ は直線 $y=ax+b$ の「上側」の領域（線上は含まない）

$y < ax+b$ は直線 $y=ax+b$ の「下側」の領域（線上は含まない）

例題　1 次不等式と領域

(Q) $y > 2x+1$ の領域を図示しなさい．

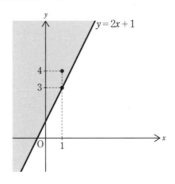

斜線の領域 (1, 4) の点を考えると，4>2×1+1 となり，たしかに y>2x+1 を満たしている．

連立1次不等式の表す x–y 平面における領域

$\begin{cases} y > ax + b \\ y < cx + d \end{cases}$

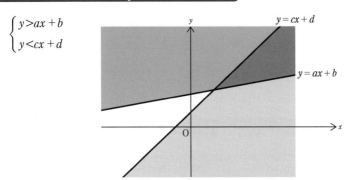

それぞれの不等式の表す領域の共通領域が連立1次不等式を満たす領域である．

以下の不等式が満たす領域を図示しなさい．

(1) $y < -2x - 2$　　(2) $y > 3$　　(3) $\begin{cases} y > \dfrac{1}{2}x + 1 \\ y < -x + 2 \end{cases}$

[答]
(1)
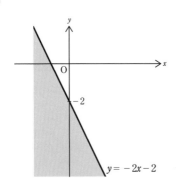

(2)
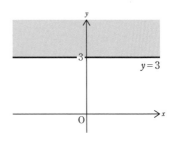

(3)
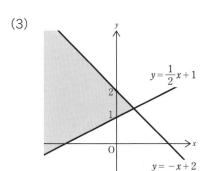

4.4 経済学における1次関数の応用：需要・供給関数

経済学で最も基本的な関数の一つである需要・供給関数を考える．一般的には需要・供給関数は1次関数ではないが，最も単純な近似として1次関数として扱われることがある．

需要関数

財の需要量 q とその財の価格 p との関係を表した関数 D を**需要関数** ($p = D(q)$)* といい，その関数をグラフに表したものを**需要曲線**という．

供給関数

財の供給量 q とその財の価格 p との関係を表した関数 S を**供給関数** ($p = S(q)$)** といい，その関数をグラフに表したものを**供給曲線**という．

一般的には需要関数，供給関数ともに1次関数になるとは限らないが，以下，単純化のため1次関数を考える．

---

* ここでは，関数を表す際に y の代わりに p，x の代わりに q，f の代わりに D を用いているが，p が q の関数であるという事実を理解できればよい．なお，D は demand の頭文字である．

** 需要関数では変数 q を需要量として扱い，供給関数では同じ変数 q を供給量と扱っていることに注意しよう．なお，S は supply の頭文字である．

例：需要・供給関数

ある財の需要関数が $p = -2q + 5$, 供給関数が $p = 3q$ とする.
それらのグラフは以下のようになる.

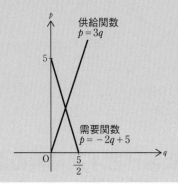

完全競争市場においては, 財の価格は需要量と供給量が一致する状態として与えられる. つまり, 数学的には, 価格は, 需要関数と供給関数の交点として与えられる.

上の例においては, $p = -2q + 5$ と $p = 3q$ との交点を与える価格 p が市場におけるその財の価格となる. そのような p を求めるには, 4.2 節で学んだように $p = -2q + 5$ と $p = 3q$ との連立 1 次方程式を解けばよく, 結局 $p = 3$ と分かる.

例題 需要・供給関数

(Q) 完全競争市場においてある財の需要関数が $p = -4q + 20$, 供給関数が $p = 2q + 10$ で与えられているとき, その財の価格を求めなさい.

$p = -4q + 20$ と $p = 2q + 10$ の連立 1 次方程式を解いて p の値を求めればよい. 左辺が共通なので $-4q + 20 = 2q + 10$ より, $q = \dfrac{5}{3}$ となり, 結局 $p = \dfrac{40}{3}$ と分かる.

練習問題

1. 以下の問いに答えなさい.
   (1) 傾きが -2, 切片が 1 の直線の方程式を求めなさい.
   (2) 傾きが 3 で点 $(1, 2)$ を通る直線の方程式を求めなさい.
   (3) 2点 $(-2, 1)$, $(1, 4)$ を通る直線の方程式を求めなさい.
   (4) 切片が 2 で点 $(-1, 4)$ を通る直線の方程式を求めなさい.

2. 1個 300 円の品物 A を x 個と 1 個 500 円の品物 B を y 個購入して予算 5000 円を使い切ることを考える. このとき x と y が満たす方程式を求めなさい.

3. 1個 200 円のお菓子 A と 1 個 100 円のお菓子 B を合わせて 10 個箱に入れてプレゼントする. 箱代は 150 円である. 予算 2000 円の範囲内でお菓子 A は最大何個買えるかを求めなさい.

第 5 講
2 次関数とそのグラフ 1

■本講と次講では，主に 2 次関数のグラフについて学ぶ．1 次関数のグラフが直線であるのに対し，2 次関数のグラフは放物線と呼ばれる曲線となる．本講では，2 次関数のグラフを描くための準備を行う．

5.1 2 次関数とそのグラフ

2 次関数

y が x の関数で，$y=ax^2+bx+c$（a,b,c は定数で $a \neq 0$）と表されるとき，y を x の **2 次関数**とよぶ．

例：2 次関数
(1) $y=3x^2+2x+1$, $y=-2x^2+1$, $y=x^2$ など
(2) 1 辺が x の正方形の面積を y とすると $y=x^2$ となり，y は x の 2 次関数である．

例題 2 次関数

(Q) 2 次関数 $y=-x^2+2x-3$ において，$x=2$ のときの y の値を求めなさい．

$x=2$ を代入すると，$y=-(2)^2+2\times 2-3=-4+4-3=-3$.

(Q) 2 次関数 $y=x^2+1$ において，$x=a+h$ のときの y の値を求めなさい．

$x=a+h$ を代入すると，$y=(a+h)^2+1=a^2+2ha+h^2+1$.

2次関数のグラフの形状

2次関数 $y = ax^2 + bx + c$ のグラフは**放物線*** となる.

例:2次関数のグラフ

$y = x^2 + 2x + 1$ の大まかなグラフをかく.具体的ないくつかの x の値を代入して対応する y の値を求める.

x	-4	-3	-2	-1	0	1	2
y	9	4	1	0	1	4	9

このような表を作り,対応する x-y 平面上の点をなめらかにつなぐと,大まかなグラフの形が分かり,以下のような放物線となる.

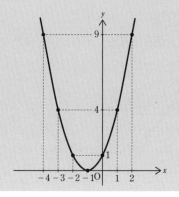

例題 2次関数のグラフ

(Q) $y = \dfrac{1}{2}x^2 + 4x - 1$ に関する表を作り,この関数の大まかなグラフをかきなさい.

x	-7	-6	-5	-4	-3	-2	-1
y	$-\dfrac{9}{2}$	-7	$-\dfrac{17}{2}$	-9	$-\dfrac{17}{2}$	-7	$-\dfrac{9}{2}$

このような表を作り,対応する x-y 平面上の点をつなぐと,以下のようなグラフがかける.

---

* ボールを投げたときの軌道.

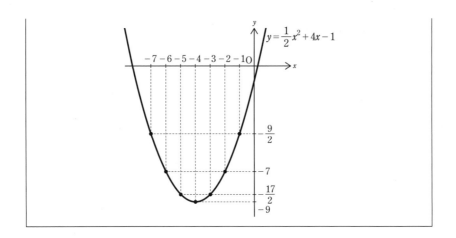

2次関数のグラフの性質

2次関数のグラフは y 軸と平行な，ある直線に対して**対称**である．

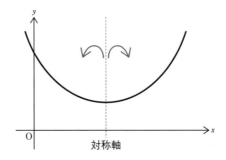

軸 と 頂 点

2次関数において，y 軸と平行な対称軸のことを**軸**，軸と2次関数が交わる点を**頂点**とよぶ．

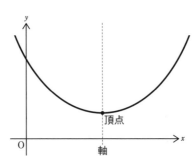

例：軸と頂点

以下の図で表される 2 次関数 $y = x^2 + 4x - 2$ のグラフにおいて軸は $x = -2$，頂点の座標は $(-2, -6)$ である．

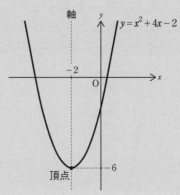

例題　軸と頂点

(Q) 以下の図で表される 2 次関数 $y = 2x^2$ のグラフの軸と頂点を求めなさい．

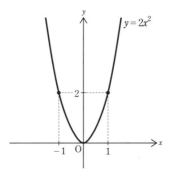

軸は $x = 0$，頂点の座標は $(0, 0)$ である．

（注）一般に $y = ax^2$ の軸は y 軸で，頂点の座標は原点 $(0, 0)$ である．

$y=ax^2$ のグラフにおける係数 a の役割

▶ $y=ax^2$ のグラフ（ただし，$a \neq 0$）

x	-3	-2	-1	0	1	2	3
y	9a	4a	a	0	a	4a	9a

表をもとに，a が以下の値だった場合のグラフをかく．

- $a=1$

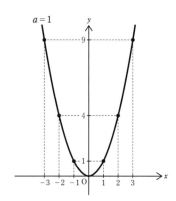

- $a=2$

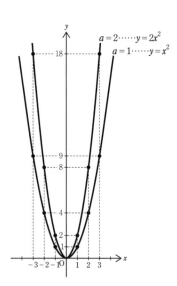

- $a = -1$

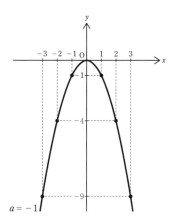

以上より $y = ax^2$ のグラフにおける係数 a の役割は，

$a > 0 \Rightarrow$ グラフは下に凸

$a < 0 \Rightarrow$ グラフは上に凸

$|a|$ が大きい $\Rightarrow$ グラフの開きがせまい

$|a|$ が小さい $\Rightarrow$ グラフの開きが広い

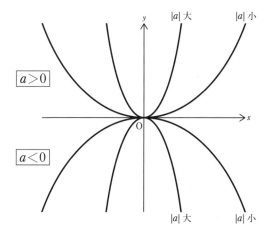

> **例題**　$y=ax^2$ のグラフのおける係数 a の役割
>
> **(Q)** $y=3x^2$ のグラフは上に凸か下に凸かを答えなさい．
>
> x^2 の係数が正なので，下に凸．
>
> **(Q)** $y=2x^2$ と $y=-4x^2$ のグラフを比べると，どちらのグラフの方が開きが広いか答えなさい．
>
> x^2 の係数の絶対値を比較すると，$y=2x^2$ の方が小さいので，$y=2x^2$ のグラフの方が開きが広い．

やってみよう

1. $y=\dfrac{1}{3}x^2+3x$ において $x=1$ のときの y の値を求めなさい．

2. 次の関数 $f(x)$ において $x=1+h$ のときの $f(x)$ の値を求めなさい．
   (1) $f(x)=x^2$　　(2) $f(x)=2x^2+3x-1$　　(3) $f(x)=-3x^2+1$

3. 次のグラフで表される 2 次関数 $y=-x^2+3x-1$ のグラフの軸と頂点を求めなさい．

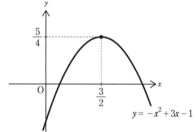

4. $y=-x^2+2x$ について表を作り，この関数の大まかなグラフをかきなさい．

5. $y=-2x^2$ のグラフは上に凸か下に凸かを答えなさい．また，$y=-5x^2$ のグラフと比べてどちらのグラフの開きが広いか答えなさい．

[答]
1. $y = \dfrac{1}{3} \times 1^2 + 3 \times 1 = \dfrac{10}{3}$
2. (1) $f(1+h) = (1+h)^2 = h^2 + 2h + 1$ (2) $f(1+h) = 2(1+h)^2 + 3(1+h) - 1 = 2h^2 + 7h + 4$
   (3) $f(1+h) = -3(1+h)^2 + 1 = -3h^2 - 6h - 2$
3. 軸 $x = \dfrac{3}{2}$, 頂点の座標 $\left(\dfrac{3}{2}, \dfrac{5}{4}\right)$
4.

x	-1	0	1	2	3
y	-3	0	1	0	-3

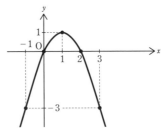

5. 上に凸,$y = -2x^2$ のグラフの方が開きが広い.

5.2　2次関数のグラフの頂点の座標

前節で $y = ax^2$ のグラフの性質を学んだ.そこで,$y = ax^2$ のグラフの頂点は原点であることが分かった.本節では頂点が原点ではない2次関数を考える.そのために2次関数 $y = ax^2$ の平行移動を考える.

2次関数 $y = ax^2$ の平行移動

公式● 2次関数 $y = ax^2$ の平行移動

$y = ax^2$ のグラフを x 方向に p,y 方向に q だけ平行移動させたグラフの式は

$$y - q = a(x - p)^2$$

である.

[考え方]

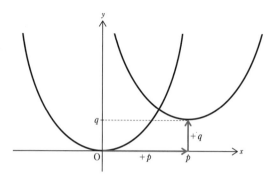

第1講1.3節の公式「平行移動させたグラフの式」: $y=f(x)$ を x 方向に p, y 方向に q だけ平行移動させたグラフの式 $y-q=f(x-p)$ を用いることで上の公式を得ることができる.

2次関数 $y=ax^2$ のグラフの頂点は原点なので, グラフを x 方向に p, y 方向に q だけ平行移動することにより, 頂点が原点 $(0,0)$ から (p,q) に移ることになる. つまり, $y-q=a(x-p)^2$ の頂点は (p,q) である. 従って以下の公式を得る.

平行移動なので, グラフの形は変わっていないことに注意しよう. つまり $y-q=a(x-p)^2$ のグラフにおいても a がグラフの形を決めている.

公式● 2次関数のグラフにおける頂点の座標1

$y=a(x-p)^2+q$ のグラフの頂点の座標は, $(x,y)=(p,q)$ である.

例題 2次関数の平行移動とグラフの頂点の座標

(Q) $y=-(x-2)^2+1$ のグラフの頂点の座標を求めなさい.

公式「2次関数のグラフにおける頂点の座標1」より, $y=a(x-p)^2+q$ と $y=-(x-2)^2+1$ を見比べると, $p=2$, $q=1$ と分かる. 従って, 頂点の座標は $(2,1)$.

(Q) $y=2x^2$ のグラフを x 方向に 1, y 方向に 2 だけ平行移動させたときのグラフの式を求めなさい. さらに, 平行移動させたグラフの頂点の座標を求めなさい.

第1講の公式「平行移動させたグラフの式」より，$y-2=2(x-1)^2$ と分かる．そして，平行移動する前の $y=2x^2$ で表されるグラフの頂点は $(0, 0)$ でそれが平行移動によって $(1, 2)$ に移ったので，頂点の座標は $(1, 2)$ と分かる．

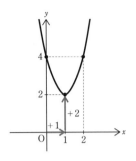

(Q) 2次関数 $y=2(x-2)^2+1$ のグラフをかきなさい．

頂点の座標と，もう一点グラフの通る点が分かればグラフをかくことができる．ここでは，頂点の座標は $(2, 1)$ で，$x=3$ のとき $y=2(3-2)^2+1=3$ を通るので，グラフは以下のようになる．

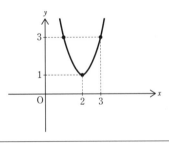

2次関数のグラフの頂点の座標を求めるためには，一般的な2次関数の式 $y=ax^2+bx+c$ を $y-q=a(x-p)^2$ の形に変形すればよいことが分かる．この変形を平方完成とよび，これについては次講で学ぶ．

やってみよう

1. 次の2次関数のグラフを x 方向に 2, y 方向に -3 だけ平行移動させたグラフの式を求めなさい.

   (1) $y = x^2$ (2) $y = -x^2 + 4x - 1$

2. 次の2次関数のグラフの軸と頂点を求めなさい.

   (1) 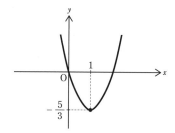   (2)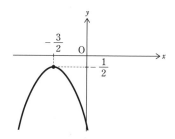

3. 次の2次関数のグラフの頂点の座標を求めなさい.

   (1) $y = 2(x+1)^2 + 2$ (2) $y = -(x-1)^2 + 4$ (3) $y = 3(x+3)^2 - 3$

[答]

1. (1) $y - (-3) = (x-2)^2$ より, $y = x^2 - 4x + 1$.
   (2) $y - (-3) = -(x-2)^2 + 4(x-2) - 1$ より, $y = -x^2 + 8x - 16$.

2. (1) 軸 $x = 1$, 頂点の座標 $\left(1, -\dfrac{5}{3}\right)$

   (2) 軸 $x = -\dfrac{3}{2}$, 頂点の座標 $\left(-\dfrac{3}{2}, -\dfrac{1}{2}\right)$

3. (1) $(-1, 2)$ (2) $(1, 4)$ (3) $(-3, -3)$

練習問題

1. 以下の問いに答えなさい．
   (1) $y = 3x^2 - 2x + 2$ のグラフが x-y 平面において通る (x, y) の組みを 1 組み求めなさい．
   (2) 2 次関数 $y = 3(x+1)^2 - 1$ に関する表を作り，この関数の大まかなグラフをかきなさい．
   (3) $y = x^2$ のグラフを x 方向に 1，y 方向に -1 だけ平行移動させたグラフの式を求めなさい．そして，平行移動されたグラフの頂点の座標を求めなさい．
   (4) 2 次関数のグラフ $y = 2(x-2)^2 - 6$ はどのように平行移動したら，2 次関数のグラフ $y = 2(x+1)^2 - 1$ と重なるか求めなさい．

2. 以下の問いに答えなさい．
   (1) 頂点の座標が $(3, 0)$ となる上に凸の 2 次関数のグラフの式を 1 つ挙げなさい．
   (2) 頂点の座標が $(1, 2)$ となる下に凸の 2 次関数のグラフの式を 1 つ挙げなさい．

3. 以下の 2 次関数のグラフの頂点を求めなさい．
   (1) $y = \dfrac{1}{2}(x-1)^2 + 3$ (2) $y = 3x^2 - 2$ (3) $y = -2(x+2)^2$

4. 次の条件を満たす 2 次関数のグラフの式を求めなさい．
   (1) 頂点が $(1, 2)$ で，点 $(3, 1)$ を通る．
   (2) 軸が $x = -1$ で，2 点 $(1, -2), (3, 10)$ を通る．

第6講 2次関数とそのグラフ2

■本講では，前講の知識を利用して，2次関数の平方完成の方法を学び，その後，2次関数の最大値・最小値問題の解き方を考える．2次関数の最大値問題は経済学とも大いに関連する．例えば，物の価格を，利潤を最大にするという考え方で決定する問題は，2次関数の最大値問題に帰着されることがある．2次関数の最大値問題を解くためには，2次関数のグラフをかくことも重要である．

6.1 2次関数の平方完成

本講では，2次関数の一般形からそのグラフの頂点の座標を求める方法を学ぶ．前講で学んだとおり，$y=ax^2+bx+c$ を $y=a(x-p)^2+q$ の形に変えれば，頂点の座標が (p, q) と求まる．

平方完成

$y=ax^2+bx+c$ を $y=a(x-p)^2+q$ の形に変えることを**平方完成**するという．

平方完成の方法（$y=x^2+bx$ の平方完成）*

ここでは，$y=x^2+bx$ に対する平方完成の方法を学ぶ．$y=x^2+bx$ における平方完成を理解すれば，$y=ax^2+bx+c$ の平方完成も同様のやり方で行うことができる．

---

* $\left(x+\dfrac{b}{2}\right)^2 = x^2+bx+\left(\dfrac{b}{2}\right)^2$, $x^2+bx = \left(x+\dfrac{b}{2}\right)^2 - \left(\dfrac{b}{2}\right)^2$ を利用する．これは $y=x^2+bx$ の平方完成そのものである．

▶ $y = x^2 + bx$ を平方完成する ($ax^2 + bx + c$ において $a=1$, $c=0$ の場合)

● ステップ1

x の係数の半分を x に加えて2乗する.

$$y = \left(x + \frac{b}{2}\right)^2 \tag{6.1}$$

● ステップ2

(6.1) 式はもとの式 ($y = x^2 + bx$) と比べると，余分な項 $\left(\frac{b}{2}\right)^2$ が含まれているので，(6.1) 式から余分な項を引く.

$$y = \left(x + \frac{b}{2}\right)^2 - \left(\frac{b}{2}\right)^2 \tag{6.2}$$

(6.2) 式が平方完成された式である. まとめると

$$y = x^2 + bx = \underbrace{\left(x + \frac{b}{2}\right)^2}_{x \text{の係数の半分を} x \text{に加えて2乗する}} \underbrace{- \left(\frac{b}{2}\right)^2}_{\text{余分な項を引く}} \tag{6.3}$$

平方完成された式を展開すると，元の式に戻ることを確かめよう.

例題　平方完成

(Q) $y = x^2 - 4x$ を平方完成しなさい.

● ステップ1

x の係数 -4 の半分 -2 を x に加えて2乗する.

$y = (x - 2)^2$

● ステップ2

ステップ1で x に加えた項 -2 の2乗が余分なので引く.

$y = (x - 2)^2 - (-2)^2$

以上より，平方完成された式は

$y = (x - 2)^2 - 4$

一般的な 2 次関数 $y = ax^2 + bx + c$ の平方完成も全て上の方法に帰着させて解くことができるので，上の方法を覚えるだけでよい．

(Q) $y = 2x^2 - 4x$ を平方完成しなさい．（x^2 の係数 a が 1 ではない場合）

$$
\begin{aligned}
y &= \underbrace{2x^2 - 4x}_{x^2 \text{の係数2でくくる}} \\
&= 2\underbrace{(x^2 - 2x)}_{\text{かっこ内を平方完成}} \\
&= 2\left\{\left(x - \frac{2}{2}\right)^2 - \left(-\frac{2}{2}\right)^2\right\} \\
&= 2(x-1)^2 - 2
\end{aligned}
$$

(Q) $y = 2x^2 - 4x + 6$ を平方完成しなさい．（一般的な 2 次関数の場合）

$$
\begin{aligned}
y &= \underbrace{2x^2 - 4x}_{\text{定数項6を無視して}2x^2-4x\text{を平方完成}} + 6 \\
&= 2\underbrace{(x^2 - 2x)}_{\text{かっこ内を平方完成}} + 6 \\
&= 2\{(x-1)^2 - 1\} \underbrace{+ 6}_{\text{無視していた定数項を最後に計算}} \\
&= 2(x-1)^2 + 4
\end{aligned}
$$

公式● 2 次関数のグラフにおける頂点の座標 2

2 次関数 $y = ax^2 + bx + c$ のグラフの頂点の座標は以下のようになる．

$$(x, y) = \left(-\frac{b}{2a}, \frac{-b^2 + 4ac}{4a}\right)$$

[考え方]

$y = ax^2 + bx + c$ を平方完成する．

$$
\begin{aligned}
y = ax^2 + bx + c &= a\left(x^2 + \frac{b}{a}x\right) + c = a\left\{\left(x + \frac{b}{2a}\right)^2 - \frac{b^2}{4a^2}\right\} + c \\
&= a\left(x + \frac{b}{2a}\right)^2 - \frac{b^2}{4a} + c = a\left(x + \frac{b}{2a}\right)^2 + \frac{-b^2 + 4ac}{4a}
\end{aligned}
$$

第 5 講 5.2 節の公式「2 次関数のグラフにおける頂点の座標 1」より頂点の座標は，

$$(x, y) = \left(-\frac{b}{2a}, \frac{-b^2 + 4ac}{4a}\right)$$

例題　頂点の座標

(Q) 2 次関数 $y = 2x^2 - 4x + 6$ の頂点の座標を求めなさい．

2 次関数 $y = 2x^2 - 4x + 6$ を平方完成すると，$y = 2x^2 - 4x + 6 = 2(x^2 - 2x) + 6 = 2\{(x-1)^2 - (-1)^2\} + 6 = 2(x-1)^2 + 4$ となる．公式「2 次関数のグラフにおける頂点の座標 1」より (1, 4) が頂点の座標となる．

やってみよう

次の 2 次関数の頂点の座標を求めなさい．

(1) $y = x^2 + 8x$　　　(2) $y = -2x^2 + 4x$

(3) $y = 3x^2 + 3$　　　(4) $y = 3x^2 + 6x - 2$

[答]
(1) 平行完成すると $y = x^2 + 8x = (x+4)^2 - 16$ より，頂点の座標は $(-4, -16)$．
(2) 平行完成すると $y = -2x^2 + 4x = -2(x-1)^2 + 2$ より，頂点の座標は $(1, 2)$．
(3) $y = 3x^2 + 3$ はすでに（$y = 3(x+0)^2 + 3$ と考えると）平行完成されているので，頂点の座標は $(0, 3)$．
(4) 平行完成すると $y = 3x^2 + 6x - 2 = 3(x+1)^2 - 5$ より，頂点の座標は $(-1, -5)$．

6.2　2 次関数の最大値・最小値

本節では，2 次関数の最大値や最小値を求める方法を学ぶ．

公式● 2 次関数の最大値・最小値

2 次関数 $y = a(x-p)^2 + q$ は，a の値の正負に応じて頂点の座標が最大値あるいは最小値を与える．

$a>0$ のとき：

$$x=p \text{ で最小値 } q \text{ をとる．}$$

$a<0$ のとき：

$$x=p \text{ で最大値 } q \text{ をとる．}$$

[考え方]

　$a>0$ のとき $y=a(x-p)^2+q$ は下に凸である．従って，図より明らかに，y の値は頂点で最小値をとる．（最大値は存在しない．）

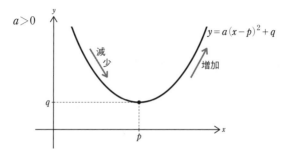

　$a<0$ のとき $y=a(x-p)^2+q$ は上に凸である．従って，図より明らかに，y の値は頂点で最大値をとる．（最小値は存在しない．）

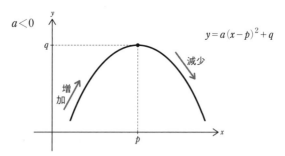

（注）x のとり得る値（定義域）に制限がある場合は，頂点がその範囲に含まれているかどうかに注意が必要である．含まれていなければ上の公式は成り立たないので，図をかいて判断するとよい．

例 題　2次関数の最大値・最小値

(Q) $y = -2x^2 - 4x + 5$ の最大値を求めなさい．

x^2 の係数は負なので考えている関数のグラフは上に凸である．

$$y = -2x^2 - 4x + 5 = -2(x^2 + 2x) + 5$$
$$= -2\{(x+1)^2 - 1^2\} + 5 = -2(x+1)^2 + 7$$

よって，$x = -1$ のとき y は最大値 7 をとる．

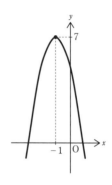

(Q) $y = x^2 - 6x + 2$ （ただし，$-1 \leq x \leq 4$）の最大値と最小値を求めなさい．

$$y = x^2 - 6x + 2 = \{(x-3)^2 - 9\} + 2 = (x-3)^2 - 7$$

頂点の x 座標は $x = 3$ なので $-1 \leq x \leq 4$ に含まれている．ここで，x^2 の係数は正なので，頂点の座標が最小値を与える．従って，$x = 3$ のとき，y は最小値 -7 をとる．図より，最大値は $x = -1$ のとき $y = 9$ をとる．

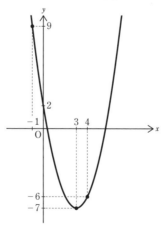

(Q) $y = -x^2 + 4x + 1$ （ただし，$3 \leq x \leq 5$）の最大値と最小値を求めなさい．

$$y = -(x^2 - 4x) + 1 = -\{(x-2)^2 - 4\} + 1 = -(x-2)^2 + 5$$

頂点の x 座標は $x=2$ なので $3 \leq x \leq 5$ に含まれていない．従って，図からも分かるように，$x=3$ のとき y は最大値 4，$x=5$ のとき y は最小値 -4 をとる．

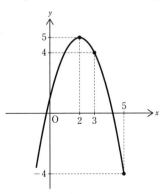

やってみよう

次の2次関数の最大値と最小値を求めなさい．

(1) $y = x^2 + x - 2$　　　(2) $y = -2x^2 - 10x + 3$

(3) $y = x^2 - 4x + 1$ $(0 \leq x \leq 4)$　　　(4) $y = -x^2 - 3x + 2$ $(-1 \leq x \leq 2)$

[答]
(1) 考えている関数は下に凸なので頂点が最小値を与える．平方完成すると $y = \left(x + \frac{1}{2}\right)^2 - \frac{9}{4}$ となり，結局，$x = -\frac{1}{2}$ のとき最小値 $-\frac{9}{4}$ をとる．最大値は存在しない．
(2) 考えている関数は上に凸なので頂点が最大値を与える．平方完成すると $y = -2\left(x + \frac{5}{2}\right)^2 + \frac{31}{2}$ となり，結局，$x = -\frac{5}{2}$ のとき最大値 $\frac{31}{2}$ をとる．最小値は存在しない．
(3) 考えている関数は下に凸で，平方完成すると $y = (x-2)^2 - 3$ となり頂点の x 座標 $x=2$ は $0 \leq x \leq 4$ に含まれるので頂点が最小値を与える．結局，$x=2$ のとき最小値 -3 をとり，$x=0$ と $x=4$ のとき最大値 1 をとる．
(4) 考えている関数は上に凸で，平方完成すると $y = -\left(x + \frac{3}{2}\right)^2 + \frac{17}{4}$ となり頂点の x 座標 $x = -\frac{3}{2}$ は $-1 \leq x \leq 2$ に含まれない．よって，$x = -1$ のとき最大値 4 をとり，$x=2$ のとき最小値 -8 をとる．

練習問題

1. 次の 2 次関数のグラフの頂点の座標を求めなさい.

    (1) $y = x^2 + 5x$ (2) $y = 3x^2 + 4x$ (3) $y = -3x^2 - 3x$

    (4) $y = -x^2 - 2x + 1$ (5) $y = 2x^2 + 4x$

2. 次の 2 次関数の最大値を求めなさい.

    (1) $y = -x^2 + 4x + 1$ (2) $y = 2x^2 + 6x - 1$ （ただし $0 \leq x \leq 2$）

3. 2 次関数 $y = -2x^2 + 8x + c$ $(-1 \leq x \leq 3)$ の最大値が 10 となる c の値を求めなさい.

4. ラーメン屋を経営するとして，店の利潤が最大になるようにラーメンの価格 p を決めたい．ラーメンの需要は 1 日あたり $D(p) = 800 - p$ 杯（ただし，$0 \leq p \leq 800$）であり，ラーメンを一杯作る費用は人件費などを含めて 400 円であるとする．このとき以下の問いに答えなさい．

    (1) ラーメン屋の利潤 π を求めなさい．利潤 π は収入から総費用を引いたものである．

    (2) 利潤を最大にするためのラーメンの価格 p を求めなさい．

第7講
2次方程式

■ $ax^2+bx+c=0$ で表される方程式を 2 次方程式という．この 2 次方程式は前講で学んだ 2 次関数 $y=ax^2+bx+c$ において $y=0$ を代入したものであることからも分かるように，2 次関数と関連が深い．本講では 2 次方程式の解について，2 次関数との関連を明らかにしながら学んでいく．

7.1　2次方程式とその解

2次方程式

$ax^2+bx+c=0$（ただし，a,b,c は定数で $a\neq 0$）の形に表される方程式を，x についての**2次方程式**という．

2次方程式とその解

2 次方程式 $ax^2+bx+c=0$ を満たす x の値を求めるための公式を学ぶ．

> **公式● 2 次方程式の解の公式**
>
> 2 次方程式 $ax^2+bx+c=0$ は，$b^2-4ac \geq 0$ のとき
> $$x = \frac{-b \pm \sqrt{b^2-4ac}}{2a}$$
> となる実数解を持つ．

[考え方]

2 次方程式の左辺 ax^2+bx+c を平方完成する．

$$ax^2 + bx + c = a\left(x^2 + \frac{b}{a}x\right) + c$$
$$= a\left\{\left(x + \frac{b}{2a}\right)^2 - \frac{b^2}{4a^2}\right\} + c$$
$$= a\left(x + \frac{b}{2a}\right)^2 - \frac{b^2}{4a} + c$$

よって，解きたい方程式は

$$a\left(x + \frac{b}{2a}\right)^2 - \frac{b^2}{4a} + c = 0$$
$$a\left(x + \frac{b}{2a}\right)^2 = \frac{b^2}{4a} - c$$
$$\left(x + \frac{b}{2a}\right)^2 = \frac{b^2}{4a^2} - \frac{c}{a}$$
$$x + \frac{b}{2a} = \pm\sqrt{\frac{b^2}{4a^2} - \frac{c}{a}}$$
$$x = \frac{-b \pm \sqrt{b^2 - 4ac}}{2a}$$

例 題 | **2 次方程式の解**

(Q) $2x^2 - 5x - 3 = 0$ の解を求めなさい．

「2 次方程式の解の公式」を用いると（$a = 2$, $b = -5$, $c = -3$ に対応）

$$x = \frac{-(-5) \pm \sqrt{(-5)^2 - 4 \times 2 \times (-3)}}{2 \times 2} = \frac{5 \pm \sqrt{49}}{4} = \frac{5 \pm 7}{4}$$

よって，$x = 3, -\dfrac{1}{2}$．

[別解]

左辺 $= 2x^2 - 5x - 3$ を因数分解する．

$$2x^2 - 5x - 3 = (2x + 1)(x - 3) = 0$$

従って，

7.1　2 次方程式とその解

$2x+1=0$ または, $x-3=0$*.

よって, $x=-\dfrac{1}{2}, x=3$.

判別式

2次方程式 $ax^2+bx+c=0$ において $D=b^2-4ac$ を**判別式**という.

一般に判別式を用いることで2次方程式 $ax^2+bx+c=0$ の実数解の個数について, 以下のことがいえる.

(1) $D>0$ ⟷ 異なる2つの実数解を持つ.
(2) $D=0$ ⟷ ただ1つの実数解（重解）を持つ.
(3) $D<0$ ⟷ 実数解を持たない**.

[考え方]

$ax^2+bx+c=0$ の解は,「2次方程式の解の公式」より

$$x=\dfrac{-b\pm\sqrt{b^2-4ac}}{2a}$$

である. 判別式 $D=b^2-4ac$ はこの解におけるルートの中身そのものであることに注意すると,

(1) $D=b^2-4ac>0$ のとき, 異なる2つの実数解 $x=\dfrac{-b\pm\sqrt{b^2-4ac}}{2a}$ を持つ.
(2) $D=0$ のとき, ただ1つの実数解 $x=-\dfrac{b}{2a}$ を持つ.
(3) $D=b^2-4ac<0$ のとき, ルートの中身が負になり x は実数ではないので, 実数解は存在しない.

例題　判別式

次の2次方程式の実数解の個数を調べなさい.

(Q) $2x^2-x+2=0$

判別式 $D=(-1)^2-4\times2\times2=-15<0$ より, 実数解は0個.

---

* 実数 x,y について $xy=0$ ならば $x=0$ または $y=0$ がいえる.
** 実数解は持たないが, 異なる2つの複素数解を持つ. 複素数とは, ルートの中の数が負である数, つまり2乗すると負になる数（虚数）が含まれる数である. 複素数に関しては本書では扱わない.

(Q) $3x^2 - x - 2 = 0$

$D = (-1)^2 - 4 \times 3 \times (-2) = 25 > 0$ より，実数解は 2 個.

(Q) 2 次方程式 $x^2 + 3x + m = 0$ が異なる 2 つの実数解を持つとき，定数 m のとり得る値の範囲を求めなさい．

判別式 $D > 0$ となるように m を決めればよいので，

$D = 3^2 - 4 \times 1 \times m = 9 - 4m > 0$

よって，$m < \dfrac{9}{4}$.

やってみよう

1. 次の 2 次方程式を解きなさい．
   (1) $3x^2 - 5x - 2 = 0$ (2) $x^2 + 3x - 2 = 0$ (3) $x^2 - \sqrt{5}x + 1 = 0$
   (4) $9x^2 + 12x + 4 = 0$ (5) $2x^2 + 4x + 1 = 0$ (6) $3x^2 + x + 2 = 0$

2. 次の 2 次方程式の解の個数を求めなさい．
   (1) $x^2 + 4x + 1 = 0$ (2) $4x^2 + 5x + 2 = 0$ (3) $x^2 + 2\sqrt{2}x + 2 = 0$

[答]

1. (1) $3x^2 - 5x - 2 = (3x+1)(x-2) = 0$ より $x = -\dfrac{1}{3}, 2$.
   (2) $x^2 + 3x - 2 = 0$. 「2 次方程式の解の公式」より $x = \dfrac{-3 \pm \sqrt{17}}{2}$.
   (3) $x^2 - \sqrt{5}x + 1 = 0$. 「2 次方程式の解の公式」より $x = \dfrac{\sqrt{5} \pm \sqrt{1}}{2} = \dfrac{\sqrt{5} \pm 1}{2}$.
   (4) $9x^2 + 12x + 4 = 0$. $(3x+2)^2 = 0$ より $x = -\dfrac{2}{3}$.
   (5) $2x^2 + 4x + 1 = 0$. 「2 次方程式の解の公式」より $x = \dfrac{-2 \pm \sqrt{2}}{2}$.
   (6) 判別式 $D = -23 < 0$ より解なし．

2. (1) 判別式 $D = 12 > 0$ より解の個数は 2 個．
   (2) 判別式 $D = -7 < 0$ より解の個数は 0 個．
   (3) 判別式 $D = 0$ より解の個数は 1 個．

7.2 2次方程式の解と2次関数のグラフ

2次方程式を2次関数のグラフを用いて考える．

2次方程式 $ax^2+bx+c=0$ の実数解は，2次関数 $y=ax^2+bx+c$ における $y=0$ のときの x の値に他ならない．つまり，2次方程式の実数解は，2次関数のグラフと x 軸との共有点である．

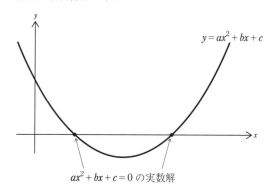

2次方程式 $ax^2+bx+c=0$ の実数解の個数は，2次関数 $y=ax^2+bx+c$ と x 軸との共有点の個数と一致する．共有点の個数は以下の3つの場合がある*．

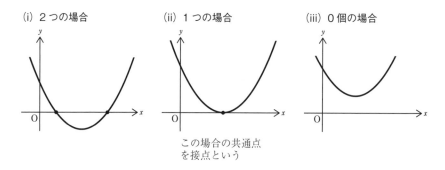

上の図のように，(i) から (iii) の図は頂点の y 座標を用いて場合分けできる．

---

* 上に凸の場合も同様に3つの場合がある．

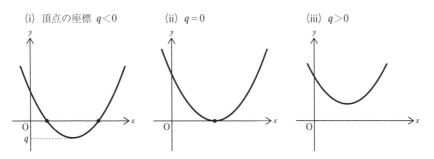

$y = ax^2 + bx + c$ の頂点の座標は $\left(-\dfrac{b}{2a}, \dfrac{-b^2+4ac}{4a}\right)$ なので，$a>0$ とすると，

(i) のとき頂点の y 座標 $= \dfrac{-b^2+4ac}{4a} < 0 \Rightarrow b^2 - 4ac > 0$ （なぜなら $4a>0$）

$\Rightarrow$ 判別式 $D>0$

(ii) のとき頂点の y 座標 $= \dfrac{-b^2+4ac}{4a} = 0 \Rightarrow b^2 - 4ac = 0 \Rightarrow$ 判別式 $D=0$

(iii) のとき頂点の y 座標 $= \dfrac{-b^2+4ac}{4a} > 0 \Rightarrow b^2 - 4ac < 0 \Rightarrow$ 判別式 $D<0$

　$a<0$ で2次関数が上に凸の場合でも同様に判別式につなげられる．それらをまとめると以下の表のようになる．

▶ **共有点と解の個数**

判別式 D	$D>0$	$D=0$	$D<0$
$a>0$ 下に凸			
$a<0$ 上に凸			
共有点	2	1	0
解の個数	2	1	0

例　題　共有点と解の個数

(Q) 2次関数 $y = 2x^2 - 5x + 1$ のグラフと x 軸との共有点の個数を求めなさい．

　2次方程式 $2x^2 - 5x + 1 = 0$ の判別式 D は

　　$D = (-5)^2 - 4 \times 2 \times 1 = 17 > 0$

より，共有点の個数は 2 個．

やってみよう

次の 2 次関数のグラフと x 軸との共有点の個数を求めなさい．

(1) $y = x^2 + 2x - 1$　　(2) $y = 3x^2 + 2\sqrt{3}x + 1$　　(3) $y = 2\sqrt{3}x^2 - x + 1$

[答]
(1) $x^2 + 2x - 1 = 0$ の判別式 $D = 8 > 0$ より共有点の個数は 2 個．
(2) $3x^2 + 2\sqrt{3}x + 1 = 0$ の判別式 $D = 0$ より共有点の個数は 1 個．
(3) $2\sqrt{3}x^2 - x + 1 = 0$ の判別式 $D = 1 - 8\sqrt{3} < 0$ より共有点の個数は 0 個．

練習問題

1. 次の2次方程式の解を求めなさい．
   (1) $3x^2 + x - 2 = 0$
   (2) $2x^2 - \sqrt{2}x + 2 = 0$
   (3) $6x^2 - x - 2 = 0$
   (4) $x^2 + \sqrt{3}x - 2 = 0$

2. 2次方程式 $2x^2 - x + m = 0$ の判別式を求め，2次方程式の解が2個存在するための m の条件を求めなさい．

3. 2次関数 $y = 4x^2 - 4x + 1$ のグラフと x 軸との共有点の個数を求め，そのときの共有点の座標を求めなさい．

4. 2次関数 $x^2 + mx + 4 = 0$ がただ1つの実数解を持つように実数 m の値を定めなさい．またそのときの解の値を求めなさい．

5. $y = x^2 - 6x + 3$ と $y = -3x + 1$ のグラフの共有点の座標を求めなさい．

6. $y = x^2$ と $y = x + k$ のグラフが接するとき k の値を求めなさい．

第8講 指　数

■非常に大きな数や小さな数を表す際によく使われるのが，指数を使った数の表記である．例えば，日本の国内総生産（GDP）は約 546000000000000 円である．このような大きな数を表す際に指数を用いると 5.46×10^{14} 円と表すことができ，数字が見やすくなる．この講では，指数で表されている数字の計算方法を学ぶ．

8.1 指　数

指　数

a を n 個掛け合わせたもの $(a \times a \times \cdots \times a)$ を a^n とかき，n を a^n の**指数**とよぶ．

累　乗

$a, a^2, a^3, \cdots$ などを a の**累乗**とよぶ．

公式●指数法則

m, n を正の整数（1 以上の整数）とすると，以下が成立する．

(1) $a^m a^n = a^{m+n}$

(2) $(a^m)^n = a^{mn}$

(3) $(ab)^n = a^n b^n$

[考え方]

(1) $a^m a^n = \underbrace{\underbrace{a \times a \times \cdots \times a}_{m\text{個}} \times \underbrace{a \times a \times \cdots \times a}_{n\text{個}}}_{m+n\text{個}} = a^{m+n}$

(2) $(a^m)^n = \underbrace{(a \times a \times \cdots \times a)}_{m\text{個}} \times \underbrace{(a \times a \times \cdots \times a)}_{m\text{個}} \times \underbrace{(a \times a \times \cdots \times a)}_{m\text{個}} \times (\cdots) \times \cdots \times (\cdots) = a^{mn}$

a を m 個掛け合わされたものが n 個であるので $m \times n$ 個

(3) $(ab)^n = \underbrace{(ab) \times (ab) \times \cdots \times (ab)}_{(ab)\text{が}n\text{個掛け合わされているので}a\text{が}n\text{個，}b\text{が}n\text{個}} = a^n b^n$

例：指数法則

(1) $a^4 a^3 = a^{4+3} = a^7$ 　　　　公式（1）

(2) $(-2a^2)^2 = (-2)^2 (a^2)^2 = 4a^4$ 　　公式（2）(3)

やってみよう

以下の計算をしなさい．

(1) $3^4 \times 3^6$ 　　(2) $x^2 \times x^3$ 　　(3) $(b^3)^4$

(4) $(2x^2)^2$ 　　(5) $(3a)^3$ 　　(6) $((a^2)^3)^2$

(7) $(((2x)^2)^2)^2$

[答]

(1) $3^{4+6} = 3^{10}$ 　(2) $x^{2+3} = x^5$ 　(3) $b^{3 \times 4} = b^{12}$ 　(4) $2^2 x^{2 \times 2} = 4x^4$

(5) $3^3 a^3 = 27a^3$ 　(6) $(a^6)^2 = a^{12}$ 　(7) $((4x^2)^2)^2 = (16x^4)^2 = 256x^8$

整数の指数

公式「指数法則」を基にして，指数の値を 0 や負の整数に拡張する．

- 指数が 0 の場合

公式「指数法則」が $m=0$ で成立するためには，指数法則（1）において $a^0 a^n = a^{0+n} = a^n$ なので $a^0 a^n = a^n$ となればよい．よって，$a^0 = 1$ と定めればよい．$a^0 = 1$ は指数法則（2）（3）とも矛盾しない．

- 指数が負の場合

指数法則が $m=-n$ で成立するためには，指数法則（1）において $a^{-n} a^n = a^{-n+n} = a^0 = 1$ なので $a^{-n} a^n = 1$ となればよい．よって，$a^{-n} = \dfrac{1}{a^n}$ と定めればよい．$a^{-n} = \dfrac{1}{a^n}$ は指数法則（2）（3）とも矛盾しない．

まとめると，指数 n が整数のとき，以下のようになる．

指数	累乗
n	a^n
2	a^2
1	$a^1 = a$
0	$a^0 = 1$
-1	$a^{-1} = \dfrac{1}{a}$
-2	$a^{-2} = \dfrac{1}{a^2}$
$-n$	$a^{-n} = \dfrac{1}{a^n}$

> 例：次数が整数
> (1) $(-3)^0 = 1$
> (2) $4^{-2} = \dfrac{1}{4^2} = \dfrac{1}{16}$
> (3) $(-3)^{-4} = \dfrac{1}{(-3)^4} = \dfrac{1}{81}$
> (4) $\left(\dfrac{2}{3}\right)^{-2} = \dfrac{1}{\left(\dfrac{2}{3}\right)^2} = \dfrac{1}{\frac{4}{9}} = \dfrac{9}{4}$

以上のように指数を整数に拡張したので指数法則を割り算の場合にも拡張できる．

公式●指数法則（指数が整数の場合）

$a \neq 0$, $b \neq 0$ で m, n が整数のとき，以下が成立する．

(1) $a^m a^n = a^{m+n}$

(2) $(a^m)^n = a^{mn}$

(3) $(ab)^n = a^n b^n$

(4) $a^m \div a^n = a^{m-n}$

(5) $\left(\dfrac{a}{b}\right)^n = \dfrac{a^n}{b^n}$

[考え方]

(4) $a^m \div a^n = \dfrac{a^m}{a^n} = \dfrac{\overbrace{a \times a \times \cdots \times a}^{m\text{個}}}{\underbrace{a \times a \times \cdots \times a}_{n\text{個}}}$ 約分 $= a^{m-n}$

(5) $\left(\dfrac{a}{b}\right)^n \underset{\text{負の指数の定義}}{=} (ab^{-1})^n \underset{\text{指数法則(3)}}{=} a^n b^{-n} = \dfrac{a^n}{b^n}$

例：次数が整数の指数法則

(1) $a^6(a^{-2})^3 = a^6 a^{-2 \times 3} = a^6 a^{-6} = a^{6-6} = a^0 = 1$

(2) $a^3 b^3 \div a^6 b^{-2} = a^{3-6} b^{3-(-2)} = a^{-3} b^5 = \dfrac{b^5}{a^3}$

(3) $4^{-3} 4^3 = 4^{-3+3} = 4^0 = 1$ $\left(4^{-3} 4^3 = \dfrac{1}{4^3} \times 4^3 = 1 \text{でもよい．}\right)$

やってみよう

以下の計算をしなさい．

(1) $3^3 \times 3^{-2}$　　(2) $(a^2 b^{-3})^2$　　(3) $5^0 \times 5^2$

(4) $a^{-3} \div a^{-5}$　　(5) $(a^p + a^{-p})^2 - (a^p - a^{-p})^2$　　(6) $-\dfrac{3^0}{7}$

(7) 2^{-3}　　(8) $\left(\dfrac{1}{3}\right)^{-3}$

[答]
(1) $3^{3+(-2)} = 3$　　(2) $a^{2\times 2}b^{-3\times 2} = a^4 b^{-6}$　　(3) $1\times 5^2 = 25$
(4) $a^{-3}\times a^5 = a^{-3+5} = a^2$　　(5) $a^{2p}+2+a^{-2p}-a^{2p}+2-a^{-2p}=4$　　(6) $-\dfrac{1}{7}$
(7) $\dfrac{1}{2^3} = \dfrac{1}{8}$　　(8) $3^3 = 27$

有理数の指数

指数が有理数*の場合に指数法則を拡張する.

● 指数が有理数の場合

指数法則が有理数の指数で成立するために，指数法則において m を $\dfrac{m}{n}$ とする．例えば，指数法則 (2) において $(a^{\frac{m}{n}})^n = a^{(\frac{m}{n})\times n} = a^m$ であるから，$a^{\frac{m}{n}}$ は n 乗すると a^m になる数である．つまり，$a^{\frac{m}{n}}$ を a^m の n 乗根と定義すればよい．つまり，以下のように $a^{\frac{m}{n}}$ を定義すればよい．

$$a^{\frac{m}{n}} = \sqrt[n]{a^m}$$

累乗根（n 乗根）

n 乗して a になる数，つまり $x^n = a$ を満たす x の値を a の **累乗根**（または n **乗根**）といい，$\sqrt[n]{a}$ とかく．とくに，$n=2$ のとき，つまり $x^2 = a$ を満たす x の値を a の **平方根** といい，$\sqrt{a}$ とかく**.

（注）$\sqrt{a}$ が実数であるためには，ルート $\sqrt{}$ の中身 a が正でなければならない．$\sqrt{a}$ においてルートの中身 a が負になると $\sqrt{a}$ は複素数として定義される.

---

* 第1講「数と関数」を参照.
** $\sqrt[2]{a}$ とはかかない.

例 題　指数が有理数の場合の累乗

(Q) $3^{\frac{1}{4}}$ を累乗根で表しなさい．

$3^{\frac{1}{4}}$ は $(3^{\frac{1}{4}})^4 = 3$ なので 4 乗すると 3 になる数である．従って，$3^{\frac{1}{4}} = \sqrt[4]{3}$．

(Q) $5^{\frac{2}{3}}$ を累乗根で表しなさい．

$5^{\frac{2}{3}}$ は $(5^{\frac{2}{3}})^3 = 5^2$ なので 3 乗すると 5^2 になる数である．従って，$5^{\frac{2}{3}} = \sqrt[3]{5^2}$．

(Q) $x^{-\frac{1}{2}}$ を累乗根で表しなさい．

$$x^{-\frac{1}{2}} = \frac{1}{x^{\frac{1}{2}}} = \frac{1}{\sqrt{x}}$$

(Q) $\sqrt{3}$ を指数で表しなさい．

$\sqrt{3}$ は 2 乗すると 3 になる数なので，$3^{\frac{1}{2}}$．

(Q) $\sqrt[7]{2^3}$ を指数で表しなさい．

$\sqrt[7]{2^3}$ は 7 乗すると 2^3 になる数なので，$\sqrt[7]{2^3} = (2^3)^{\frac{1}{7}} = 2^{\frac{3}{7}}$．

公式●指数法則（指数が有理数の場合）

$a \neq 0$, $b \neq 0$ で p, q が有理数のとき，以下が成立する．

(1) $a^p a^q = a^{p+q}$

(2) $(a^p)^q = a^{pq}$

(3) $(ab)^p = a^p b^p$

(4) $a^p \div a^q = a^{p-q}$

(5) $\left(\dfrac{a}{b}\right)^p = \dfrac{a^p}{b^p}$

指数法則は指数が整数であろうと有理数であろうと（条件を除いて）共通であることに注意しよう．

累乗の定義をまとめると以下のようになる．

指数	累乗
n	a^n
2	a^2
1	$a^1 = a$
0	$a^0 = 1$
-1	$a^{-1} = \dfrac{1}{a}$
-2	$a^{-2} = \dfrac{1}{a^2}$
$-n$	$a^{-n} = \dfrac{1}{a^n}$
$\dfrac{3}{2}$	$a^{\frac{3}{2}} = \sqrt{a^3}$
$\dfrac{m}{n}$	$a^{\frac{m}{n}} = \sqrt[n]{a^m}$
$-\dfrac{m}{n}$	$a^{-\frac{m}{n}} = \dfrac{1}{a^{\frac{m}{n}}} = \dfrac{1}{\sqrt[n]{a^m}}$

例：指数が有理数の場合の指数法則

(1) $a^{\frac{1}{6}}(a^{-2})^3 = a^{\frac{1}{6}} a^{-6} = a^{\frac{1}{6}+(-6)} = a^{-\frac{35}{6}} = \dfrac{1}{\sqrt[6]{a^{35}}}$

(2) $27^{\frac{2}{3}} = (3^3)^{\frac{2}{3}} = 3^{3 \times \frac{2}{3}} = 3^2 = 9$

(3) $\sqrt[3]{2} \times \sqrt[3]{4} = 2^{\frac{1}{3}} \times 4^{\frac{1}{3}} = 2^{\frac{1}{3}} \times (2^2)^{\frac{1}{3}} = 2^{\frac{1}{3}} \times 2^{\frac{2}{3}} = 2^{\frac{1}{3}+\frac{2}{3}} = 2^1 = 2$

(4) $8^{\frac{1}{3}} = (2^3)^{\frac{1}{3}} = 2^{3 \times \frac{1}{3}} = 2$

やってみよう

次の式を簡単にしなさい．

(1) $\sqrt[3]{27}$ (2) $16^{\frac{3}{4}}$ (3) $\sqrt{3} \times 3^{\frac{3}{2}}$

(4) $5^{-\frac{1}{2}} \div \sqrt{5} \times 125$ (5) $x^{0.6} y^{-0.6} \times x^{0.4} y^{-0.4}$ (6) $\sqrt[3]{\sqrt[4]{64}}$

[答]

(1) $27^{\frac{1}{3}} = (3^3)^{\frac{1}{3}} = 3^{3 \times \frac{1}{3}} = 3$ (2) $(2^4)^{\frac{3}{4}} = 2^{4 \times \frac{3}{4}} = 2^3 = 8$ (3) $3^{\frac{1}{2}} \times 3^{\frac{3}{2}} = 3^{\frac{1}{2}+\frac{3}{2}} = 3^2 = 9$

(4) $5^{-\frac{1}{2}} \times 5^{-\frac{1}{2}} \times 5^3 = 5^{-\frac{1}{2}-\frac{1}{2}+3} = 5^2 = 25$ (5) $x^{0.6+0.4} y^{-0.6-0.4} = xy^{-1} = \dfrac{x}{y}$

(6) $\sqrt[3]{\sqrt[4]{2^6}} = \sqrt[3]{2^{\frac{3}{2}}} = (2^{\frac{3}{2}})^{\frac{1}{3}} = \sqrt{2}$

8.2 指数関数とそのグラフ

指数関数

$y = a^x$（ただし a は正の定数で $a \neq 1$）で表される関数を，a を底とする**指数関数**という．定義域（x のとり得る値の範囲）は実数全体で，値域（y のとり得る値の範囲）は正の実数全体である．

指数関数のグラフ

例として $y = 2^x$ のグラフと，$y = \left(\dfrac{1}{2}\right)^x$ をかく．

- $y = 2^x$ のグラフ

$$x = -3 \text{ のとき } y = 2^{-3} = \frac{1}{2^3} = \frac{1}{8}$$
$$x = -2 \text{ のとき } y = 2^{-2} = \frac{1}{2^2} = \frac{1}{4}$$
$$x = 0 \text{ のとき } y = 2^0 = 1$$
$$x = 2 \text{ のとき } y = 2^2 = 4$$

などを計算すると以下の表を得ることができる．

x	$\cdots$	-3	-2	-1	0	1	2	3	$\cdots$
y	$\cdots$	$\dfrac{1}{8}$	$\dfrac{1}{4}$	$\dfrac{1}{2}$	1	2	4	8	$\cdots$

- $y = \left(\dfrac{1}{2}\right)^x$ のグラフ

$$x = -3 \text{ のとき } y = \left(\frac{1}{2}\right)^{-3} = 2^3 = 8$$
$$x = -2 \text{ のとき } y = \left(\frac{1}{2}\right)^{-2} = 2^2 = 4$$
$$x = 0 \text{ のとき } y = \left(\frac{1}{2}\right)^0 = 1$$
$$x = 2 \text{ のとき } y = \left(\frac{1}{2}\right)^2 = \frac{1}{4}$$

などを計算すると以下の表を得ることができる．

x	...	-3	-2	-1	0	1	2	3	...
y	...	8	4	2	1	$\dfrac{1}{2}$	$\dfrac{1}{4}$	$\dfrac{1}{8}$	...

表をもとに図をかくと以下のようになる．

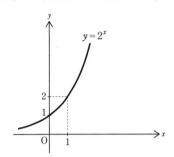
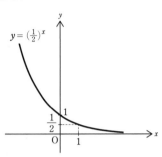

図からも分かるように，$y=2^x$ と $y=\left(\dfrac{1}{2}\right)^x$ は y 軸に対して対称である．この事実は，$y=\left(\dfrac{1}{2}\right)^x=2^{-x}$ なので，$y=2^{-x}$ は $y=2^x$ の x を $-x$ にしたものであることからも理解することができる．

一般的に指数関数のグラフは以下のようになる．

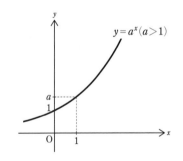
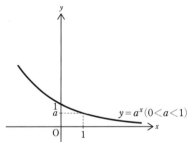

例題 指数関数

(Q) 以下の表をもとに $y=3^{-x}$ のグラフをかきなさい．

x	...	-2	-1	0	1	2	...
y	...	9	3	1	$\dfrac{1}{3}$	$\dfrac{1}{9}$	...

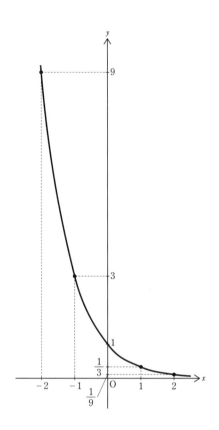

(Q) $y=2\cdot 2^x$ のグラフは $y=2^x$ のグラフをどのように平行移動させたものか答えなさい.

$y=2\cdot 2^x = 2^{x+1}$ より, $y=2^x$ のグラフを x 方向に -1 平行移動したものである.

指数関数 $y=a^x$ のグラフから以下のことが分かる.

$0<a<1$ のとき, $p<q \to a^p > a^q$

$a>1$ のとき, $p<q \to a^p < a^q$

$a^p = a^q$ のとき, $p=q$ が成立し, 逆に $p=q$ のとき $a^p = a^q$ も成立する. つまり, $p=q \leftrightarrow a^p = a^q$ が成り立つ.

この性質は指数関数を含む方程式の計算でよく使われる.

8.2 指数関数とそのグラフ

> **例 題** 　指数関数を含む方程式
>
> **(Q)** $8^x = 32$ を満たす x を求めなさい．
>
> 左辺 $= 8^x = (2^3)^x = 2^{3x}$，右辺 $= 32 = 2^5$ なので，$2^{3x} = 2^5$．
> 指数を比較すると $3x = 5$ となり，$x = \dfrac{5}{3}$．
>
> **(Q)** $25^x = 5^{1-x}$ を満たす x を求めなさい．
>
> 左辺 $= 25^x = (5^2)^x = 5^{2x}$ なので，$5^{2x} = 5^{1-x}$．
> 指数を比較すると $2x = 1-x$ となり，$x = \dfrac{1}{3}$．

指数と利子

利子における複利は指数で表される．複利とは毎年利子を元本に繰り入れて利子を計算する方法である．つまり，元本 a 円とし，利子率を r とすると，1年後には元金 a 円にその利息 ar 円がつくので，$a + ar = a(1+r)$ 円となる．2年後は $a(1+r)$ 円に利息がつくので，$a(1+r) + a(1+r)r = a(1+r)^2$ 円，3年後は $a(1+r)^2 + a(1+r)^2 r = a(1+r)^3$ 円となり，n 年後の金額は $a(1+r)^n$ 円となっている．$a > 0$, $1+r > 1$ なので，毎年金額が指数関数的に増えていくことになる．

一方，単利とは元本にのみ利子がかかるものである．つまり，元本 a 円とし，利子率を r とすると，1年後には，$a + ar = a(1+r)$ 円，2年後には元々の元金 a 円にのみ利子がつくので $a(1+r) + ar = a(1+2r)$ 円，3年後は $a(1+2r) + ar = a(1+3r)$ 円となり，n 年後の金額は $a(1+nr)$ 円となっている．つまり，毎年金額が1次関数的に増えていくことになる．

> **公式●利　息**
>
> 複利：元本 a 円，利子率 r のとき，n 年後には $a(1+r)^n$ 円になる．
> 単利：元本 a 円，利子率 r のとき，n 年後には $a(1+nr)$ 円になる．

やってみよう

1. $y = 0.25^x$ のグラフをかきなさい.

2. 次の数を小さい方から順に並べなさい.
   $(\sqrt{2})^4$, $\dfrac{1}{4}$, $\sqrt[3]{4}$

3. $25^x = 5^{3-2x}$ を満たす x を求めなさい.

4. $9^x - 2 \times 3^{x+1} - 27 = 0$ を満たす x を求めなさい.

[答]

1. $y = \left(\dfrac{1}{4}\right)^x$ の表をかくと

x	…	-2	-1	0	1	2	3	…
y	…	16	4	1	$\dfrac{1}{4}$	$\dfrac{1}{16}$	$\dfrac{1}{64}$	…

表よりグラフは

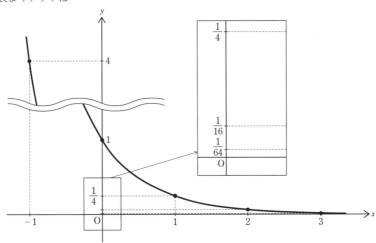

2. $(\sqrt{2})^4 = (2^{\frac{1}{2}})^4 = 2^2$, $\dfrac{1}{4} = 2^{-2}$, $\sqrt[3]{4} = 2^{\frac{1}{3}}$ において底は 2 で 1 より大きいので, 指数の小さい順, つまり $\dfrac{1}{4}$, $\sqrt[3]{4}$, $(\sqrt{2})^4$ の順で大きくなる.

3. $(5^2)^x = 5^{3-2x}$, $5^{2x} = 5^{3-2x}$ の指数を比較して $2x = 3 - 2x$. よって $x = \dfrac{3}{4}$.

4. $9^x - 2 \times 3^{x+1} - 27 = 3^{2x} - 2 \times 3 \times 3^x - 27 = (3^x)^2 - 6 \times 3^x - 27 = 0$ である. $3^x = t$ とおくと $t > 0$ で $t^2 - 6x - 27 = 0$ となり $(t-9)(t+3) = 0$. よって $t = 9$. つまり $3^x = 9$ なので $x = 2$.

練習問題

1. 次の計算をしなさい．ただし，$a>0$, $b>0$ とする．
   (1) $2^7 \times 3^4 \times 6^{-4}$
   (2) $\sqrt[4]{a^2} \times \sqrt[3]{a} \times \sqrt[6]{a}$
   (3) $(a^{\frac{1}{2}} + a^{-\frac{1}{2}})^2$
   (4) $(32)^{\frac{2}{5}}$
   (5) $\sqrt[3]{-1}$
   (6) $2\sqrt[3]{2} - \sqrt[3]{16}$

2. $16^x = 4$ を満たす x の値を求めなさい．

3. 次の数を小さい順に並べなさい．
   0.3^2, 0.3^{-3}, $(0.3)^0$, 0.3^4

4. $y = -2^x$ のグラフを x 方向に 2 だけ平行移動したグラフの式求めなさい．

5. $4^x = 2^{x+1} + a$ を満たす実数 x の値が 1 つであるための a の値を求めなさい．

6. 厚さ 1mm の紙を 20 回折った際の紙の厚さを求めなさい．

7. 元金 1 万円を銀行に金利 2% で貯金した．利息が複利でつくときと単利でつくときについて，それぞれ 30 年後はいくらになっているかを求めなさい．どちらも小数点以下は切り捨てるとする．

8. A 国は毎年 GDP が 15% 成長し，B 国は毎年 GDP が 5% 成長する．現在の GDP は両国とも同じで，今後 10 年間同様の経済成長を両国とも遂げた場合，A 国の GDP は B 国の何倍になっているか求めなさい．

第 9 講
対　数

■1万円を利子率 5% の銀行に預けた場合に複利計算で 2 万円になるのは何年後であろうか？ このような計算をすることは日常生活でもよくあることである．この答えを得るには $1.05^x = 2$ となる x を求めればよい．この答え（つまり，$1.05^x = 2$ の式を $x = \cdots$ の形にしたもの）に対数が用いられる．対数は前講の指数とも関連する．

9.1　対　数

対　数

M を正の実数 $(M>0)$，a を 1 でない正の実数 $(a>0, a \neq 1)$ とするとき，$a^x = M$ を満たす数 x を，$x = \log_a M$ とかく*．$\log_a M$ を a を**底**とする M の**対数**といい，M を**真数**という．

つまり，M は a の何乗か？ の答えが $\log_a M$ である．このことから，指数と対数の間には以下のような関係がある．

$$a^x = M \quad \leftrightarrow \quad x = \log_a M$$

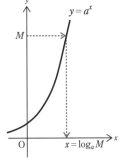

---

* log は logarithm の略で，log のことをログとよぶ．

グラフを用いて考えると，$y = a^x$ において $y = M$ となる x の値が $\log_a M$ である．

例 題 対　数

(Q) 指数の関係式 $3^2 = 9$ を対数を用いた関係式に直しなさい．

指数と対数の関係より，$2 = \log_3 9$．
（$\log_3 9$ は「9 は 3 の何乗ですか？」の答えなので 2 である．）

(Q) 対数の関係式 $3 = \log_2 8$ を指数を用いた関係式に直しなさい．

指数と対数の関係より，$2^3 = 8$．

■ 公式●対　数

$a > 0, a \neq 1, M > 0, N > 0$ で n が実数のとき，以下が成立する．

(1) $\log_a a = 1$
(2) $\log_a 1 = 0$
(3) $\log_a M + \log_a N = \log_a MN$
(4) $\log_a M - \log_a N = \log_a \dfrac{M}{N}$
(5) $\log_a M^n = n \log_a M$

[考え方]

(1) $\log_a a$ は「a を何乗したら a になりますか？」の答えである．$a^1 = a$ なので $\log_a a = 1$．

(2) $\log_a 1$ は「a を何乗したら 1 になりますか？」の答えである．$a^0 = 1$ なので $\log_a 1 = 0$．

以下，$\log_a M = x$，$\log_a N = y$ とおく．
$\log_a M = x$ と $\log_a N = y$ を指数の関係に直すと，それぞれ $a^x = M$，$a^y = N$ である．

(3) 公式「対数」の (3) の右辺 $= \log_a MN = \log_a a^x a^y = \log_a a^{x+y} \underset{\text{公式 (1), (5)}}{=} x+y = \log_a M + \log_a N = $ 左辺.

(4) (3) と同様にすると，公式「対数」の (4) の右辺 $= \log_a \dfrac{M}{N} = \log_a \dfrac{a^x}{a^y} = \log_a a^{x-y} \underset{\text{公式 (1), (5)}}{=} x-y = \log_a M - \log_a N = $ 左辺.

(5) 公式「対数」の (5) の左辺 $= \log_a (a^x)^n = \log_a a^{nx} \underset{a^{nx} \text{は} a \text{の} nx \text{乗}}{=} nx = n \log_a M = $ 右辺.

例題　対数法則

(Q) $\log_3 27$ の値を求めなさい．

$\log_3 27 = \log_3 3^3 = 3 \log_3 3 = 3$

（または，$\log_3 27$ は「27 は 3 の何乗ですか？」の答えなので 3 と考えてもよい．）

(Q) $\log_8 16$ の値を求めなさい．

（$\log_8 16$ は「16 は 8 の何乗ですか？」の答えだが，簡単な整数ではないのですぐには分からない．その場合は，対数を指数の関係に直すとよい．）

$\log_8 16 = x$ とおいて，指数の関係に直すと，$8^x = 16$ となり $2^{3x} = 2^4$．
指数を比較して，$3x = 4$, $x = \dfrac{4}{3}$ つまり，$\log_8 16 = \dfrac{4}{3}$.

(Q) $\log_2 \sqrt{2}$ の値を求めなさい．

$\log_2 \sqrt{2} = \log_2 2^{\frac{1}{2}} = \dfrac{1}{2} \log_2 2 = \dfrac{1}{2}$

(Q) $\log_{10} \dfrac{1}{100}$ の値を求めなさい．

$\log_{10} \dfrac{1}{100} = \log_{10} 100^{-1} = \log_{10} (10^2)^{-1} = \log_{10} 10^{-2} = -2 \log_{10} 10 = -2$

(Q) $\log_6 2 + \log_6 18$ の値を求めなさい．

$\log_6 2 + \log_6 18 = \log_6 2 \times 18 = \log_6 36 = \log_6 6^2 = 2 \log_6 6 = 2$

やってみよう

1. 指数の関係式 $4^3=64$ を対数の関係式に直しなさい．

2. $\log_3 4 = x$ を指数の関係に直しなさい．

3. 以下の値を求めなさい．
   (1) $\log_4 32$　　(2) $\log_{\frac{1}{5}} \sqrt{5}$　　(3) $\log_4 8 + \log_4 2$
   (4) $\log_2 0.25$　　(5) $\log_4 \sqrt{64}$　　(6) $\log_2 \sqrt{3} + 3\log_2 \sqrt{4} - \log_2 \sqrt{12}$

4. 1万円を年利5％で銀行に預けた場合，複利計算で2万円を超えるのは何年後か求めなさい．

[答]
1. 指数と対数の関係より $3 = \log_4 64$．
2. 指数と対数の関係より $4 = 3^x$．
3. (1) $\log_4 32 = x$ とおいて，対数を指数の関係に直すと $32 = 4^x$．これは $2^5 = 2^{2x}$ とかけて指数を比較すると $x = \dfrac{5}{2}$．よって $\log_4 32 = \dfrac{5}{2}$．

   (2) $\log_{\frac{1}{5}} \sqrt{5} = \log_{\frac{1}{5}} 5^{\frac{1}{2}} = \log_{\frac{1}{5}} \left(\dfrac{1}{5}\right)^{-\frac{1}{2}} = -\dfrac{1}{2}$

   (3) $\log_4 8 + \log_4 2 = \log_4 16 = \log_4 4^2 = 2$

   (4) $\log_2 0.25 = \log_2 \dfrac{1}{4} = \log_2 2^{-2} = -2$

   (5) $\log_4 \sqrt{64} = \log_4 64^{\frac{1}{2}} = \log_4 (8^2)^{\frac{1}{2}} = \log_4 8$．$\log_4 8 = x$ とおいて，対数を指数の関係に直すと $8 = 4^x$．$2^3 = 2^{2x}$ より $x = \dfrac{3}{2}$．従って，$\log_4 \sqrt{64} = \dfrac{3}{2}$．

   (6) $\log_2 \sqrt{3} + 3\log_2 \sqrt{4} - \log_2 \sqrt{12} = \log_2 \dfrac{\sqrt{3}\sqrt{4}^3}{\sqrt{12}} = \log_2 \dfrac{\sqrt{3}\sqrt{4}^3}{\sqrt{3}\sqrt{4}} = \log_2 \dfrac{\sqrt{4}^3}{\sqrt{4}} = \log_2 \sqrt{4}^2 = \log_2 2^2 = 2$

4. $1.05^x = 2$ となる x を求めればよい．よって $x = \log_{1.05} 2$．$\log_{1.05} 2$ は計算機などで計算すると，約 14.207 となる．従って，15年後．

9.2 対数関数とそのグラフ

対数関数

$y = \log_a x$（ただし，a は正の実数で $a \neq 1$）で表される関数を a を底とする**対数関数**という．x のとり得る値の範囲（定義域）は正の実数全体，y のとり得る値の範囲（値域）は実数全体である．

例として $y = \log_2 x$ と $y = \log_{\frac{1}{2}} x$ のグラフをかく．

- $y = \log_2 x$ のグラフ

    $x = 2$ のとき $y = \log_2 2 = 1$
    $x = 4$ のとき $y = \log_2 4 = \log_2 2^2 = 2$
    $x = 8$ のとき $y = \log_2 8 = \log_2 2^3 = 3$

などを計算すると以下の表を得ることができる．

x	$\cdots$	$\frac{1}{8}$	$\frac{1}{4}$	$\frac{1}{2}$	1	2	4	8	$\cdots$
y	$\cdots$	-3	-2	-1	0	1	2	3	$\cdots$

- $y = \log_{\frac{1}{2}} x$ のグラフ

    $x = 2$ のとき $y = \log_{\frac{1}{2}} 2 = \log_{\frac{1}{2}} \left(\frac{1}{2}\right)^{-1} = -1$
    $x = 4$ のとき $y = \log_{\frac{1}{2}} 4 = \log_{\frac{1}{2}} \left(\frac{1}{2}\right)^{-2} = -2$
    $x = 8$ のとき $y = \log_{\frac{1}{2}} 8 = \log_{\frac{1}{2}} \left(\frac{1}{2}\right)^{-3} = -3$

などを計算すると以下の表を得ることができる．

x	$\cdots$	$\frac{1}{8}$	$\frac{1}{4}$	$\frac{1}{2}$	1	2	4	8	$\cdots$
y	$\cdots$	3	2	1	0	-1	-2	-3	$\cdots$

表をもとにグラフをかくと以下のようになる．

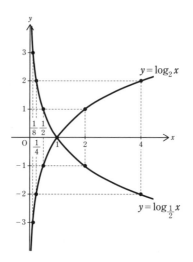

一般に,対数関数のグラフは以下のようになる.

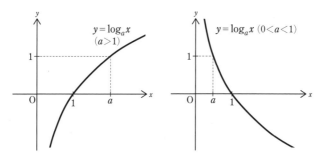

さらにこれらのグラフからも分かるように,$y = \log_a x$ のグラフと $\log_{\frac{1}{a}} x$ のグラフは,$y=0$(つまり x 軸)に対して対称である.

対数関数 $y = \log_a x$ のグラフから,以下のことが分かる.

$0 < a < 1$ のとき,$p < q \rightarrow \log_a p > \log_a q$

$a > 1$ のとき,$p < q \rightarrow \log_a p < \log_a q$

$\log_a M = \log_a N$ となるのは $M = N$ のとき.逆に $M = N$ のとき $\log_a M = \log_a N$ も成立する.

つまり,$M = N \leftrightarrow \log_a M = \log_a N$ が成り立つ.

この性質は対数関数を含む方程式の計算でよく使われる.

例題　対数関数のグラフ

(Q) $y = \log_3 x$ に関する表を作り，大まかなグラフをかきなさい．

表は以下のようになる．

x	$\cdots$	$\dfrac{1}{27}$	$\dfrac{1}{9}$	$\dfrac{1}{3}$	1	3	9	27	$\cdots$
y	$\cdots$	-3	-2	-1	0	1	2	3	$\cdots$

表より，グラフは次のようになる．

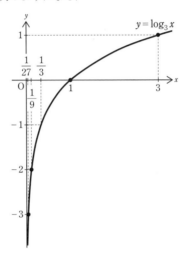

例題　対数関数を含む方程式

(Q) $\log_2(x+1) = -3$ を満たす x を求めなさい．

右辺 $= -3 = \log_2 2^{-3}$ なので，$\log_2(x+1) = \log_2 2^{-3}$．
両辺における対数の底が等しいので真数を比較することができ $x+1 = 2^{-3}$ となる．よって $x = -\dfrac{7}{8}$．

(Q) $\log_3 7 = x$ を指数の関係に直しなさい．

$x = \log_3 3^x$ とかけるので，題意は $\log_3 7 = \log_3 3^x$ となる．両辺における対数の底が等しいので真数を比較することができ $7 = 3^x$ と指数の関係式が求められる．

(Q) $5 = 3^x$ を対数の関係に直しなさい.

$M = N \leftrightarrow \log_a M = \log_a N$ より,等式 $5 = 3^x$ の両辺に $\log_3$ をとると,$\log_3 5 = \log_3 3^x$ となり,結局 $\log_3 5 = x$ と対数の関係式が求められる.

やってみよう

1. 次の方程式を解きなさい.

    (1) $2\log_2 x = \log_2(x+2)$ 　　(2) $\log_{10}(x-2) + \log_{10} 3 = \log_{10} x$

2. $y = \log_3 x$ と $y = 3^x$ のグラフを同じ平面上にかきなさい.そして,2つのグラフの関係を述べなさい.

[答]
1. (1) 真数は正なので $x>0$ かつ $x+2>0$ より $x>0$.$2\log_2 x = \log_2(x+2)$ は $\log_2 x^2 = \log_2(x+2)$ より真数を比較して $x^2 = x+2$ より $x = -1, 2$.$x>0$ なので $x=2$.
    (2) 真数は正なので $x-2>0$ かつ $x>0$ より $x>2$.$\log_{10}(x-2) + \log_{10} 3 = \log_{10} x$ は $\log_{10} 3(x-2) = \log_{10} x$ より真数を比較して $3x-6 = x$ より $x=3$.

2.

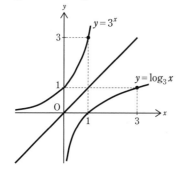

$y = \log_3 x$ と $y = 3^x$ のグラフは $y = x$ に関して対称である.

9.3 常用対数

常用対数

10 を底とする対数 $\log_{10} x$ を x の**常用対数**という.

例：常用対数

$\log_{10} 100 = \log_{10} 10^2 = 2\log_{10} 10 = 2$

$\log_{10} 0.001 = \log_{10} 10^{-3} = -3\log_{10} 10 = -3$

常用対数の応用

常用対数を用いて，数の桁数を調べることができる.

例題　数の桁数

(Q) 3^{100} は何桁の数か求めなさい．ただし，$\log_{10} 3 = 0.4771$ とする.

$\log_{10} 3^{100} = 100 \log_{10} 3 = 100 \times 0.4771 = 47.7$ より，

$47 < \log_{10} 3^{100} < 48$

$\log_{10} 10^{47} < \log_{10} 3^{100} < \log_{10} 10^{48}$

となる．

底は 10 で 1 より大きいので

$10^{47} < 3^{100} < 10^{48}$

よって，3^{100} は 48 桁の数である．

やってみよう

1. 5^{10} は何桁の数か求めなさい．ただし，$\log_{10} 5 = 0.6990$ とする．

2. $\left(\dfrac{1}{2}\right)^{10}$ を小数で表すと小数第何位に初めて 0 でない数が現れるか求めなさい．ただし，$\log_{10} 2 = 0.3010$ とする．

[答]

1. $\log_{10} 5^{10} = 10 \log_{10} 5 = 10 \times 0.6990 = 6.990$．$6 < \log_{10} 5^{10} < 7$，$\log_{10} 10^6 < \log_{10} 5^{10} < \log_{10} 10^7$．よって $10^6 < 5^{10} < 10^7$ であり，5^{10} は 7 桁の数である．

2. $\log_{10} 2^{-10} = -3.01$ より，$-4 < \log_{10} 2^{-10} < -3$ なので，$\log_{10} 10^{-4} < \log_{10} 2^{-10} < \log_{10} 10^{-3}$．底は 1 より大きいので $10^{-4} < 2^{-10} < 10^{-3}$．よって小数点第 4 位に初めて 0 でない数が現れる．

練習問題

1. 次の問いに答えなさい．
   (1) 指数の関係式 $3^3=27$ を対数の関係式に直しなさい．
   (2) $\log_{\frac{1}{2}} 4 = x$ を指数の関係式に直しなさい．

2. 次の計算を行いなさい．
   (1) $\log_4 64$ (2) $\log_9 27$ (3) $\log_{\frac{1}{5}} \sqrt{5}$
   (4) $\log_6 4 + \log_6 9$ (5) $\log_3 6 - \log_3 2$ (6) $\log_2 0.5$
   (7) $\log_4 \sqrt{64}$ (8) $\log_2 \sqrt{3} + 3\log_2 \sqrt{4} - \log_2 \sqrt{12}$

3. A国は毎年GDPが15%成長し，B国は毎年GDPが5%成長する．現在のA国のGDPはB国の半分で，今後同様の経済成長をした場合，A国のGDPがB国のGDPを超えるのは何年後か求めなさい．ただし，$\log_{10} 2 = 0.3010$，$\log_{10} 1.15 = 0.0607$，$\log_{10} 1.05 = 0.0212$ とする．

4. 2^{40} は何桁の数か求めなさい．ただし，$\log_{10} 2 = 0.3010$ とする．

5. $(\frac{1}{5})^{20}$ を小数で表すとき，初めて0でない数字が現れるのは小数第何位か求めなさい．ただし，$\log_{10} 5 = 0.6990$ とする．

第10講 数列

■数列とはその名の通り数字の列のことである．金利で日毎に増えていく貯金の額や，1日ごとの株価の終値など，我々の身近なものを数列と考えることができる．本講では，等差数列と等比数列という2種類の数列における一般的な表現方法や，それら数列の和について学ぶ．

10.1 数列

数列

数を一列に並べたものを**数列**といい，数列の各数を**項**という．一般的に数列を以下のようにかく．

$a_1, a_2, a_3, \cdots, a_n, \cdots$

a_1 を初項，a_2 を第2項，a_n を第 n 項とよぶ．

> 例：数列
> $1, 2, 3, 4, 5, 6, \cdots$ （初項は1，第2項は2）
> $1, 3, 5, 7, 9, \cdots$ （初項は1，第2項は3）
> $2, 4, 8, 16, 32, \cdots$ （初項は2，第2項は4）

数列の一般項

数列 $a_1, a_2, \cdots, a_n$ において，a_n を n の式で表したものを数列の**一般項**とよぶ．

例：一般項

数列 $2, 4, 6, 8, \cdots$ の一般項を推定すると，この数列は，

$$2 \times 1, 2 \times 2, 2 \times 3, 2 \times 4, \cdots,$$

なので，第 n 項は $2n$ と推測される．よって一般項は $a_n = 2n$ とかくことができる．一般項の n に具体的な数字を入れると，求めたい数列の中の数を求めることができる．例えば，第 3 項の数字が知りたければ $n=3$ を代入した $2 \times 3 = 6$ が第 3 項の数である．

数列の和

数列 $a_1, a_2, a_3, a_4, \cdots, a_n$ の和を $\sum_{i=1}^{n} a_i$ とかく*．つまり，

$$\sum_{i=1}^{n} a_i = a_1 + a_2 + a_3 + \cdots + a_n$$

である．

シグマ記号の下についている $i=1$，上についている n は，添字 i を 1 から n まで 1 ずつ変化させていくことを表す．シグマ記号自体は，添字をそのように変化させた際に現れる各項を全て足しなさいという意味を持つ記号である．

例：$\sum$ の使い方

$$\sum_{i=1}^{5} a_i = a_1 + a_2 + a_3 + a_4 + a_5$$

$$\sum_{i=2}^{5} a_i = a_2 + a_3 + a_4 + a_5$$

$$\sum_{j=3}^{5} a_j^2 = a_3^2 + a_4^2 + a_5^2$$

（添字は i 以外のものが使われることもあるので注意しよう．）

---

* $\sum$ はシグマと読む．

やってみよう

1. 一般項が $a_n = n^2 - n + 1$ である数列の初項から第 5 項までを具体的にかきなさい.

2. 数列 $-3, 1, 2, -4, -5, 3, \cdots$ の初項と第 3 項を求めなさい.

3. 数列 $1, 2, 4, 8, 16, 32, \cdots$ の一般項を推定しなさい.

4. $\displaystyle\sum_{j=2}^{4}(a_j + b_j)$ で表される和を具体的にかきなさい.

5. $\displaystyle\sum_{i=1}^{3} x$ を簡単にしなさい.

6. $\displaystyle\sum_{j=1}^{4} j^2$ を計算しなさい.

[答]
1. $a_1 = 1, a_2 = 3, a_3 = 7, a_4 = 13, a_5 = 21$ 2. $a_1 = -3, a_3 = 2$ 3. $a_n = 2^{n-1}$
4. $a_2 + b_2 + a_3 + b_3 + a_4 + b_4$ 5. $3x$ 6. $1^2 + 2^2 + 3^2 + 4^2 = 30$

10.2 等差数列

等差数列

隣り合う項の差 $(a_{n+1} - a_n,\ n = 1, 2, 3, \cdots)$ が一定である数列を**等差数列**とよぶ.

公差

隣り合う項の差の数を**公差**とよぶ.

例：等差数列

3, 7, 11, 15, 19, 23, …

この数列は，全ての隣り合う項の差が4で一定なので，公差4の等差数列である．

等差数列の一般項

公式●等差数列の一般項

初項 a_1，公差 d の等差数列の一般項は以下のようになる．

$$a_n = a_1 + (n-1)d$$

[考え方]

$$\underbrace{a_1, \xrightarrow{+d} a_2, \xrightarrow{+d} a_3, \xrightarrow{+d} \cdots \xrightarrow{+d} a_n}_{n-1 \text{回}d\text{が加わる}}$$

a_1 に d を $(n-1)$ 回足せば a_n になる．従って，$a_n = a_1 + (n-1)d$．

例題　等差数列

(Q) 初項が2，公差が3の等差数列の一般項を求めなさい．

公式「等差数列の一般項」より，$a_n = 2 + 3(n-1) = 3n - 1$ と求められる．

(Q) 一般項が $a_n = -3n + 1$ である等差数列の初項と公差を求めなさい．

$-3n + 1 = -2 + (n-1) \times -3$ とかき直すことができるので，公式「等差数列の一般項」と見比べると，初項が -2，交差が -3 と求められる．

$n = 1$ を代入すると $a_1 = -3 \times 1 + 1 = -2$ なので初項 -2，n を1増やす毎に項は3ずつ減るので公差 -3 と考えてもよい．

10.2　等差数列

等差数列の和

公式●等差数列の和

初項 a_1, 公差 d の等差数列 $a_1, a_2, \cdots, a_n$ の和を S_n とすると，以下が成立する．

(1) $S_n = \dfrac{1}{2}n(a_1 + a_n)$

(2) $S_n = \dfrac{1}{2}n\{2a_1 + (n-1)d\}$

(1) の a_n に一般項の式 $a_n = a_1 + (n-1)d$ を代入すれば (2) になることに注意せよ．

[考え方]

$S_n = a_1 + a_2 + \cdots + a_n$ と逆から足していった $S_n = a_n + a_{n-1} + \cdots + a_1$

$$
\begin{array}{rl}
S_n = & a_1 \quad\quad + \overbrace{(a_1+d)}^{a_2} + \cdots + (a_1+(n-2)d) + \overbrace{(a_1+(n-1)d)}^{a_n} \\
+)\ S_n = & (a_1+(n-1)d) + (a_1+(n-2)d) + \cdots + (a_1+d) \quad + \quad a_1 \\
\hline
2S_n = & (a_1+a_1+(n-1)d)+(a_1+a_1+(n-1)d)+\cdots+(a_1+a_1+(n-1)d)+(a_1+a_1+(n-1)d)
\end{array}
$$

右辺の各項は全て同じで $a_1 + a_1 + (n-1)d$ であり，これは $a_1 + a_n$ であることに注意すると，$2S_n = n(a_1 + a_n)$ なので結局，$S_n = \dfrac{1}{2}n(a_1 + a_n)$．

例題　等差数列の和

(Q) 初項が -2，公差が -3 である数列の初項から第 7 項までの和を求めなさい．

公式「等差数列の和」(2) $S_n = \dfrac{1}{2}n\{2a_1 + (n-1)d\}$ を使って

$S_7 = \dfrac{1}{2} \times 7 \times \{2 \times (-2) + (7-1) \times (-3)\} = -77$．

(Q) 初項が 2，第 8 項が 15 である等差数列の和を求めなさい．

公式「等差数列の和」(1) $S_n = \dfrac{1}{2}n(a_1 + a_n)$ を使って

$S_8 = \dfrac{1}{2} \times 8 \times (2 + 15) = 68$．

やってみよう

1. 等差数列 $-8, -5, -2, 1, 4, 7, \cdots$ の公差を求めなさい.

2. 等差数列の一般項 $a_n = 4n+1$ における初項と公差を求めなさい.

3. 数列 $31, 35, 39, 43, 47$ の和を求めなさい.

4. 第3項が -2, 第6項が -11 である等差数列について一般項を求めなさい.

[答]
1. 3
2. $a_n = 5 + (n-1) \times 4$ なので初項 5, 公差 4.
3. $\dfrac{5}{2}(31+47) = 195$
4. 公差は -3, 初項 $a_1 = 4$ なので, $a_n = 4 + (n-1) \times (-3) = -3n + 7$.

10.3 等比数列

等比数列

隣り合う項の比 $\left(\dfrac{a_{n+1}}{a_n}, n = 1, 2, \cdots \right)$ が一定である数列を**等比数列**とよぶ.

公比

隣り合う項の比の数を**公比**とよぶ.

> **例：等比数列**
>
> $$1, 4, 16, 64, 256, \cdots$$
>
> この数列は, 全ての隣り合う項の比が 4 で一定なので, 公比 4 の等比数列である.

等比数列の一般項

公式●等比数列の一般項

初項 a_1, 公比 r の等比数列の一般項は以下のようになる.

$$a_n = a_1 r^{n-1}$$

[考え方]

$$a_1, \underbrace{\xrightarrow{\times r} a_2, \xrightarrow{\times r} a_3, \xrightarrow{\times r} \cdots, \xrightarrow{\times r} a_n}_{n-1 \text{回} r \text{が掛けられる}}$$

a_1 に r を $(n-1)$ 回掛ければ a_n になる. 従って $a_n = a_1 r^{n-1}$.

例題　等差数列

(Q) 初項 4, 公比 -3 の等比数列の一般項を求めなさい.

公式「等比数列の一般項」より, $a_n = 4 \times (-3)^{n-1}$.

(Q) ある等比数列の一般項が $a_n = 2 \cdot 3^{n-1}$ であるとき, その数列の初項と公比を求めなさい.

公式「等比数列の一般項」より, 初項 $a_1 = 2$, 公比 $r = 3$ と分かる.

等比数列の和

公式●等比数列の和

初項 a_1, 公比 r の等差数列 $a_1, a_2, \cdots, a_n$ の和を S_n とすると以下が成立する.

$$S_n = \frac{a_1 - a_1 r^n}{1 - r} \quad (\text{ただし}, \ r \neq 1)$$

[考え方]

初項 a_1, 公比 r の等比数列 $a_1, a_1r, a_2r^2, \cdots, a_1r^{n-1}$ の和を S_n とかく. S_n と rS_n の差を考える.

$$\begin{array}{rl} S_n = & a_1 + a_1r + a_1r^2 + \cdots + a_1r^{n-2} + a_1r^{n-1} \\ -)\ rS_n = & \phantom{a_1 + {}} a_1r + a_1r^2 + \cdots + a_1r^{n-2} + a_1r^{n-1} + a_1r^n \\ \hline (1-r)S_n = & a_1 - a_1r^n \end{array}$$

よって, $S_n = \dfrac{a_1 - a_1r^n}{1-r}$.

例題 等比数列の和

(Q) 初項が 4, 公比 -3 である数列の初項から第 4 項までの和を求めなさい.

公式「等比数列の和」$S_n = \dfrac{a_1 - a_1r^n}{1-r}$ を用いて,

$$S_4 = \frac{4 - 4 \times (-3)^4}{1-(-3)} = -80.$$

(Q) 一般項が $a_n = 3^n$ で表される等比数列の初項から第 5 項までの和を求めなさい.

$a_n = 3^n = 3 \times 3^{n-1}$ とかき直されるので, 公式「等比数列の一般項」と見比べて, $a_1 = 3$, $r = 3$ と分かる. 公式「等比数列の和」$S_n = \dfrac{a_1 - a_1r^n}{1-r}$ にこの値を代入して,

$$S_5 = \frac{3 - 3 \times 3^5}{1-3} = 363.$$

数列と利子

第 8 講で利子と指数との関連を述べたが, ここでは数列と利子の関連を述べる. 第 8 講と同様に, 元本 a 円を利子率 r で n 年貯金した場合の毎年の貯金額 S_n を単利, 複利で計算してみる.

単利の場合, $S_n = a + arn$ である. 毎年の貯金額を並べて数列だと思って数列に対応させると, 初項が a (この場合 $n=0$ のときが初項) で公差が ar である等差数列である.

10.3 等比数列

一方,複利の場合,$S_n = a(1+r)^n$ である.これは,初項が a で公比が $1+r$ の等比数列である.

つまり,単利での貯金の増え方は等差数列的で,複利の場合は等比数列的であるといえる.

やってみよう

1. 等比数列 $2, 6, 18, 54, 162, \cdots$ の公比を求めなさい.

2. 等比数列 $1, -3, 9, -27, 81, \cdots$ の一般項を求めなさい.

3. 等比数列 $2, -4, 8, -16, \cdots$ の初項から第 n 項までの和を求めなさい.

4. 一般項 $a_n = 3^n$ で表される数列における初項と公比を求めなさい.

5. 一般項 $a_n = 4 \cdot 3^{n-1}$ で表される数列における初項から第 4 項までの和を求めなさい.

[答]
1. 3
2. $(-3)^{n-1}$
3. 初項 2,公比 -2 なので,$\dfrac{2-2(-2)^n}{1-(-2)} = \dfrac{2+(-2)^{n+1}}{3}$.
4. 初項 3,公比 3
5. 初項 4,公比 3 なので,求める和は $\dfrac{4-4\cdot 3^4}{1-3} = 160$.

練習問題

1. 次の数列の一般項を推定しなさい．
   (1) $1, 8, 27, 64, 125, \cdots$
   (2) $1, \sqrt{2}, \sqrt{3}, 2, \sqrt{5}, \cdots$
   (3) $\dfrac{1}{2}, \dfrac{1}{4}, \dfrac{1}{8}, \dfrac{1}{16}, \dfrac{1}{32}$

2. 次の問いに答えなさい．
   (1) 数列の一般項 $a_n = -n^2 + n + 1$ の第 3 項を求めなさい．
   (2) $\displaystyle\sum_{k=1}^{5}(2k+2)$ を計算しなさい．
   (3) $\displaystyle\sum_{j=2}^{4}(j^3)$ を計算しなさい．
   (4) $\displaystyle\sum_{k=3}^{10} 2$ を計算しなさい．

3. 次の数列の一般項と初項から第 5 項までの和を求めなさい．
   (1) 初項 -4，公差 2 の等差数列
   (2) 初項 10，公差 -3 の等差数列
   (3) 初項 -4，公比 2 の等比数列
   (4) 初項 10，公比 -3 の等比数列

4. 初項 50，公差 -4 の等差数列において，和が最大になるのは初項から第何項までの和か求め，そのときの和を求めさない．

5. 2 桁の正の整数の中で，5 で割ると 2 余る数の和を求めなさい．

6. 金利が複利で 3% である銀行に毎年 100 万円ずつ 10 年間貯金するといくらになるか求めなさい．小数点以下は切り捨てとする．

第11講 微分1

■株価などの時間とともに変化する量や，地形などの空間とともに変化する量を考えたとき，それらが時間や空間のほんのわずかな変化（瞬間の変化）に対して，どれだけ変化するかを定式化したものが微分である．つまり微分とは変化する量の「瞬間の変化率」を求めることである．微分の考え方は，近代の理論経済学の根底にあると言っても過言ではなく，近代理論経済学を理解するためには必要不可欠である．本講では，最も基本的な n 次多項式の微分について学ぶ．

11.1 極限

微分は瞬間の変化を考えるので，瞬間を数学的に表現する必要がある．本節では，瞬間を表現するための極限という概念を学ぶ．

極限値

関数 $f(x)$ において，x が a に限りなく近づくとき $f(x)$ の値が b に限りなく近くことを

$$\lim_{x \to a} f(x) = b$$

とかき*，b を，x が a に近づくときの $f(x)$ の**極限値**という**．

---
* lim は limit（極限）の略でリミットと読む．
** x が a に近づく近づき方は2通りある．x が a より大きい値から徐々に近づく場合と，小さい値から近づく場合である．大きい値から近づく場合を $\lim_{x \to a+0} f(x) = b$，小さい値から近づく場合を $\lim_{x \to a-0} f(x) = b$ とかくが，本講では特に区別する必要がないので区別しないこととする．

極限の性質

関数 $f(x)$ と $g(x)$ において，

$$\lim_{x \to c} f(x) = M, \quad \lim_{x \to c} g(x) = N$$

とする．このとき以下が成立する．

(1) $\displaystyle\lim_{x \to c} x = c$

(2) $\displaystyle\lim_{x \to c}(f(x) + g(x)) = \lim_{x \to c} f(x) + \lim_{x \to c} g(x) = M + N$

(3) $\displaystyle\lim_{x \to c}(kf(x)) = k \lim_{x \to c} f(x) = kM$ （ただし k は定数）

(4) $\displaystyle\lim_{x \to c}(f(x)g(x)) = \lim_{x \to c} f(x) \lim_{x \to c} g(x) = MN$

(5) $\displaystyle\lim_{x \to c}\left(\frac{f(x)}{g(x)}\right) = \frac{\displaystyle\lim_{x \to c} f(x)}{\displaystyle\lim_{x \to c} g(x)} = \frac{M}{N}$ （ただし $N \neq 0$）

例：極 限

$$\lim_{x \to 1} x = 1$$

[考え方]

x を 1 に限りなく近づけていくとは，例えば，$x = 0.9$，$x = 0.99$，$x = 0.999$，$\cdots$，$x = 0.999999999\cdots$ とすることである．さて，$x = 0.999999999\cdots$ のように 9 が無限回続くとき，この数字は 1 とみなしてよいのかを以下のように考える．

$x = 0.999999999\cdots$ の両辺を 10 倍すると，$10x = 9.999999999\cdots$ となる．この式は次のように変形できる．

$10x = 9 + 0.999999999\cdots$．最初に $x = 0.999999999\cdots$ とおいたので，$10x = 9 + x$ とかくことができる．従って，この式を解くと $9x = 9$，$x = 1$ が導かれ，これより $0.999999999\cdots = 1$ が得られる．

これが，例題において x を限りなく 1 に近づけた値として 1 が得られた理由である．

例 題　極 限 値

(Q) $f(x) = 4x+1$ において，x が 0 に近づくときの $f(x)$ の極限値を求めなさい．

$$\lim_{x \to 0}(4x+1) = 4 \times 0 + 1 = 1$$

グラフにおいて x が 0 に近づくイメージは以下のようである．

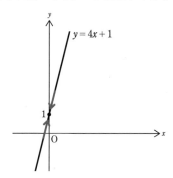

(Q) $f(x) = \dfrac{1}{3x}$ において，x が 1 に近づくときの $f(x)$ の極限値を求めなさい．

$$\lim_{x \to 1} \frac{1}{3x} = \frac{1}{3 \times 1} = \frac{1}{3}$$

(Q) $\lim_{h \to 0} \dfrac{(1+h)^2 - 1}{h}$ を求めなさい．

$$\lim_{h \to 0} \frac{(1+h)^2 - 1}{h} = \lim_{h \to 0} \frac{1 + 2h + h^2 - 1}{h} = \lim_{h \to 0} \frac{2h + h^2}{h}$$
$$= \lim_{h \to 0}(2+h) = 2 + 0 = 2$$

約分せずに h を 0 に近づけていくと分母を 0 にすることになるので，必ず約分してから h を 0 に近づけること．

(Q) $f(x) = 2x^2 + x + 1$ において $\lim_{x \to 0} \dfrac{f(x) - f(0)}{x}$ を求めなさい．

$$\lim_{x \to 0} \frac{f(x) - f(0)}{x} = \lim_{x \to 0} \frac{(2x^2 + x + 1) - 1}{x} = \lim_{x \to 0}(2x+1) = 1.$$

> 約分せずに x を 0 に近づけていくと分母を 0 にすることになるので，必ず約分してから x を 0 に近づけること．

やってみよう

次の極限値を求めなさい．

(1) $\lim_{x \to 1}(x+1)$ (2) $\lim_{h \to 1}(h+a)$ (3) $\lim_{x \to 1}(x^2+3x+1)$

(4) $\lim_{x \to 1} \dfrac{2x^3+1}{x^3+2x^2}$ (5) $\lim_{x \to 1} \dfrac{x^2+4x-5}{x^2+x-2}$

[答]

(1) $1+1=2$ (2) $1+a$ (3) $1^2+3\times1+1=5$ (4) $\dfrac{2\times1^3+1}{1^3+2\times1^2}=\dfrac{3}{3}=1$

(5) $\lim_{x \to 1}\dfrac{x^2+4x-5}{x^2+x-2}=\lim_{x \to 1}\dfrac{(x+5)(x-1)}{(x+2)(x-1)}=\lim_{x \to 1}\dfrac{x+5}{x+2}=2$

11.2 微 分

微分とは瞬間の変化率を求めることである．本節で，まず平均変化率を学んだ後，それをもとにして瞬間変化率の求め方を学ぶ．

平均変化率

関数 $y=f(x)$ において，x の値が a から $a+h$ まで h だけ変わるとき，y の値の**平均変化率**は

$$\dfrac{f(a+h)-f(a)}{(a+h)-a} = \dfrac{f(a+h)-f(a)}{h}$$

である．

x	$a \to a+h$
$f(x)$	$f(a) \to f(a+h)$

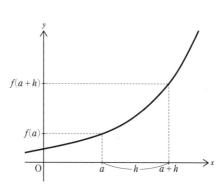

（注） y の値の平均変化率は 2 点 $(a, f(a))$ と $(a+h, f(a+h))$ を結ぶ直線の傾きに等しい．

例：平均変化率

$f(x) = 2x^2 + x - 1$ のとき $y = f(x)$ において x の値が 1 から 3 まで 2 だけ変化する際の，y の値の平均変化率は，

$x = 1$ のとき $y = f(1) = 2 \times 1^2 + 1 - 1 = 2$

$x = 3$ のとき $y = f(3) = 2 \times 3^2 + 3 - 1 = 20$

より，平均変化率は $\dfrac{20 - 2}{3 - 1} = 9$．

瞬間変化率

$y = f(x)$ における $x = a$ の**瞬間変化率**は

$$\lim_{h \to 0} \frac{f(a+h) - f(a)}{h}$$

である．

（注）瞬間変化率は平均変化率の定義において $h \to 0$ とした極限値である．

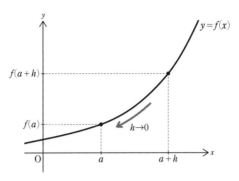

h を 0 に限りなく近づければ x は a に限りなく近づき，a における瞬間の変化率が求められる．

この瞬間の変化率を求めることが微分することに他ならない．

微分係数

$y=f(x)$ における $x=a$ の瞬間変化率を関数 $y=f(x)$ の $x=a$ における**微分係数**といい，$f'(a)$ と表す*．つまり，

$$f'(a) = \lim_{h \to 0} \frac{f(a+h)-f(a)}{h}.$$

例題　微分係数

(Q) 関数 $f(x)=2x^2+x-1$ の $x=1$ における微分係数 $f'(1)$ を求めなさい．

$$\begin{aligned}
f'(1) &= \lim_{h \to 0} \frac{f(1+h)-f(1)}{h} \\
&= \lim_{h \to 0} \frac{\overbrace{\{2(1+h)^2+(1+h)-1\}}^{f(1+h)} - \overbrace{(2 \times 1^2+1-1)}^{f(1)}}{h} \\
&= \lim_{h \to 0} \frac{2h^2+5h}{h} = \lim_{h \to 0}(2h+5) = 5
\end{aligned}$$

(Q) 上の例題と同じ関数 $f(x)=2x^2+x-1$ の $x=3$ における微分係数 $f'(3)$ を求めなさい．

$$\begin{aligned}
f'(3) &= \lim_{h \to 0} \frac{f(3+h)-f(3)}{h} \\
&= \lim_{h \to 0} \frac{\overbrace{\{2(3+h)^2+(3+h)-1\}}^{f(3+h)} - \overbrace{(2 \times 3^2+3-1)}^{f(3)}}{h} \\
&= \lim_{h \to 0} \frac{2h^2+13h}{h} = \lim_{h \to 0}(2h+13) = 13
\end{aligned}$$

---

* $f'(a)$ が存在するとき，関数 $f(x)$ は $x=a$ において微分可能であるという．ある区間全ての x の値で微分可能なとき，$f(x)$ はその区間で微分可能という．当然微分不可能な場合も存在するが，本書では全て微分可能な場合を考えることとする．

微分係数の図形的意味

$y=f(x)$ の $x=a$ における微分係数 $f'(a)$ はグラフ $y=f(x)$ における $x=a$ の**接線の傾き**に等しい.

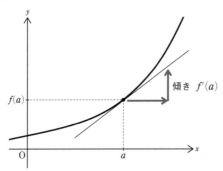

例　題	微分係数と接線の傾き

$f(x)=3x^2+2x+1$ における $y=f(x)$ のグラフに対して以下の問いに答えなさい.

(Q) $x=0$ における接線の傾きを求めなさい.

$f'(0)$ を求めればよい.

$$f'(0)=\lim_{h\to 0}\frac{f(0+h)-f(0)}{h}=\lim_{h\to 0}\frac{(3h^2+2h+1)-1}{h}$$
$$=\lim_{h\to 0}(3h+2)=2$$

従って, $x=0$ における接線の傾きは 2.

(Q) 傾きが 0 となる x の値を求めなさい.

$x=a$ における接線の傾きが 0 であるとすると, $f'(a)=0$ が満たされる.

$$f'(a)=\lim_{h\to 0}\frac{f(a+h)-f(a)}{h}=\lim_{h\to 0}\frac{\{3(a+h)^2+2(a+h)+1\}-(3a^2+2a+1)}{h}$$
$$=\lim_{h\to 0}\frac{(6ah+3h^2+2h)}{h}=\lim_{h\to 0}(6a+3h+2)=6a+2$$

従って, $6a+2=0$ を満たす a の値が求めたい x の値であるので, $x=-\dfrac{1}{3}$.

先の例題「微分係数」のように, $f'(a)$ は a の値によって得られる値が異なる. 従って, a を変数と考えて $f'(a)$ を a の関数と考えることができる. a が

変数であることを明確にするために a を x に置き換えて $f'(x)$ としたものを
導関数という．

導 関 数

$$f'(x) = \lim_{h \to 0} \frac{f(x+h) - f(x)}{h}$$

を $f(x)$ の導関数という．$f(x)$ の導関数を表すのは，$f'(x)$（読み方：エフ ダッシュ エックス）以外に

$\dot{f}(x)$　　　（読み方：エフ ドット エックス），

$\dfrac{df(x)}{dx}$　　（読み方：ディー エフ エックス ディー エックス），

$\dfrac{d}{dx}f(x)$　　（読み方：ディー エフ エックス ディー エックス）

がある．

　$f(x)$ からその導関数 $f'(x)$ を求めることを，$f(x)$ を x について微分するという．そして，$f'(x)$ の x に a を代入すれば $x=a$ における微分係数 $f'(a)$ が求められる．

例 題　微 分

(Q) $f(x) = x^2$ を x について微分しなさい．

$f(x)$ の導関数を求めればよいので

$$\begin{aligned} f'(x) &= \lim_{h \to 0} \frac{f(x+h) - f(x)}{h} \\ &= \lim_{h \to 0} \frac{(x+h)^2 - x^2}{h} = \lim_{h \to 0} \frac{x^2 + 2hx + h^2 - x^2}{h} \\ &= \lim_{h \to 0} (2x + h) = 2x \end{aligned}$$

(Q) $f(x) = a$（ただし a は定数）を x について微分しなさい．

$$\begin{aligned} f'(x) &= \lim_{h \to 0} \frac{f(x+h) - f(x)}{h} \\ &= \lim_{h \to 0} \frac{a - a}{h} = \lim_{h \to 0} 0 = 0 \end{aligned}$$

(Q) $f(x) = 3x^2 - x + 1$ を x について微分しなさい.

$$\begin{aligned} f'(x) &= \lim_{h \to 0} \frac{f(x+h) - f(x)}{h} \\ &= \lim_{h \to 0} \frac{(3(x+h)^2 - (x+h) + 1) - (3x^2 - x + 1)}{h} \\ &= \lim_{h \to 0} \frac{6hx + 3h^2 - h}{h} = \lim_{h \to 0}(6x + 3h - 1) = 6x - 1 \end{aligned}$$

n 次多項式の微分を行う際に,先述の定義式を用いなくとも,以下に述べる微分の公式を使うことで比較的簡単に微分が求まる.

公式●微 分

(1) $(x^n)' = nx^{n-1}$ n は有理数

(2) $(c)' = 0$ c は定数

(3) $(cf(x))' = cf'(x)$ c は定数

(4)* $(f(x) + g(x))' = f'(x) + g'(x)$

例題 微分の公式

次の関数を x で微分しなさい.

(Q) $f(x) = x^2$

公式「微分」(1) を用いると,

$f'(x) = (x^2)' = 2x^{2-1} = 2x$

(Q) $f(x) = \sqrt[5]{x^2}$

公式「微分」(1) において,指数 n は有理数でも成り立つことに注意すると,

$f'(x) = \left(\sqrt[5]{x^2}\right)' = \left(x^{\frac{2}{5}}\right)' = \frac{2}{5} x^{\frac{2}{5} - 1} = \frac{2}{5} x^{-\frac{3}{5}} = \frac{2}{5} \frac{1}{\sqrt[5]{x^3}}$

---

* 3つ以上の関数の和の場合も同様に成立.

(Q) $f(x) = 4x^2$

$$\begin{aligned} f'(x) &= (4x^2)' \\ &\underset{\text{公式 (3)}}{=} 4(x^2)' \\ &\underset{\text{公式 (1)}}{=} 4 \times 2x^{2-1} = 8x \end{aligned}$$

(Q) $f(x) = 3x^2 - x + 1$

$$\begin{aligned} f'(x) &= (3x^2 - x + 1)' \\ &\underset{\text{公式 (4)}}{=} (3x^2)' + (-x)' + (1)' \\ &\underset{\text{公式 (3)}}{=} 3(x^2)' - (x)' + (1)' \\ &\underset{\text{公式 (1), (2)}}{=} 3 \times 2x - 1 + 0 = 6x - 1 \end{aligned}$$

やってみよう

1. 次の関数の $x=1$ における微分係数 $f'(1)$ を求めなさい．
   (1) $f(x) = x + 1$　　(2) $f(x) = -x^2 + 3x + 1$　　(3) $f(x) = x^3 + x^2 + x + 1$

2. 次の関数の導関数 $f'(x)$ を導関数の定義式 $f'(x) = \lim_{h \to 0} \dfrac{f(x+h) - f(x)}{h}$ を用いて求めたものと，公式「微分」を用いて求めたものとで一致することを確かめなさい．
   (1) $f(x) = -3x - 2$　　(2) $f(x) = -x^2 - 3$

3. 次の問いに答えなさい．
   (1) 2次関数 $y = -2x^2 + 3x + 1$ のグラフ上の点 $(-1, -4)$ における接線の傾きを求めなさい．
   (2) 1次関数 $y = 2x - 3$ のグラフ上の点 $(1, -1)$ における接線の傾きを求めなさい．
   (3) 3次関数 $y = x^3 - 3x^2 + 4x - 1$ のグラフ上の点 $(2, 3)$ における接線の傾きを求めなさい．

(4) 2次関数 $y = -x^2 + 4x$ において接線の傾きが 1 となる接点の座標を求めなさい.

[答]
1. (1) $f'(x) = 1$ より $f'(1) = 1$
   (2) $f'(x) = -2x + 3$ より $f'(1) = 1$
   (3) $f'(x) = 3x^2 + 2x + 1$ より $f'(1) = 6$
2. (1) 定義式より計算：$f'(x) = \lim_{h \to 0} \dfrac{(-3(x+h)-2)-(-3x-2)}{h} = \lim_{h \to 0} \dfrac{-3h}{h} = -3.$
   公式「微分」より計算：$f'(x) = (-3x-2)' = (-3x)' + (-2)' = -3(x)' + (-2)' = -3$
   (2) 定義式より計算：$f'(x) = \lim_{h \to 0} \dfrac{(-(x+h)^2 - 3) - (-x^2 - 3)}{h} = \lim_{h \to 0} \dfrac{-2xh - h^2}{h}$
   $= \lim_{h \to 0}(-2x - h) = -2x$
   公式「微分」より計算：$f'(x) = (-x^2 - 3)' = (-x^2)' + (-3)' = -2x$
3. (1) $x = -1$ における微分係数を求めればよい. $y' = -4x + 3$ より傾き $-4 \times (-1) + 3 = 7$.
   (2) $x = 1$ における微分係数を求めればよい. $y' = 2$ より傾きは 2. (y' が x によらないことは, 1次関数のグラフは直線なので x の値によらず傾きは常に一定であることと一致.)
   (3) $x = 2$ における微分係数を求めればよい. $y' = 3x^2 - 6x + 4$ より傾き $3 \times (2)^2 - 6 \times 2 + 4 = 4$.
   (4) 接点の x 座標を a とおくと $y' = -2x + 4$ から $-2a + 4 = 1$ となり $a = \dfrac{3}{2}$.

練習問題

1. 次の極限値を求めなさい．

   (1) $\lim_{x \to 1}(x^2 - x)$ (2) $\lim_{x \to 1}\sqrt{2x^2 + 2}$ (3) $\lim_{x \to 2} 3^{x-1}$

   (4) $\lim_{x \to 4} 2$ (5) $\lim_{x \to 2} \log_3(2x^2 + x - 1)$ (6) $\lim_{x \to 1} \dfrac{x^2 - 3x + 2}{x^2 + x - 2}$

2. 次の関数の導関数を求め，さらに $x = -2$ における微分係数を求めなさい．

   (1) $y = -x^3$ (2) $y = 2x^2 - 3x + 5$ (3) $y = \dfrac{-2}{x^2}$

3. 次の関数のグラフ上の点 $(3, f(3))$ における接線の傾きを求めなさい．

   (1) $y = f(x) = -3x + 1$ (2) $y = f(x) = 5x^2 - 2x - 3$

   (3) $y = f(x) = x^3 - 2x^2 + x + 1$ (4) $y = f(x) = \sqrt[3]{x^2}$

4. $\dfrac{1}{x}$ を定義式に従って微分したものと，公式を用いて微分したもので結果が同じになることを確認しなさい．

5. 2次関数 $y = 2x^2 - 8x + 10$ のグラフ上の接線の傾きが 0 となるときの接点の座標を求めなさい．また，その接点の座標がグラフの頂点の座標と一致することを確認しなさい．

第12講 微分2

■前講では,微分の定義,簡単な微分の公式や,n次関数$f(x)=x^n$の多項式に関する微分を学んだ.本講では,より複雑な関数に関する微分を学ぶ.

12.1 関数の積に関する微分

ここでは,2つの関数$f(x), g(x)$の積$f(x)g(x)$の微分を考える.

公式●関数の積に関する微分

$$\{f(x)g(x)\}' = f'(x)g(x) + f(x)g'(x)$$

[考え方]

$$\begin{aligned}
\{f(x)g(x)\}' &= \lim_{h \to 0} \frac{f(x+h)g(x+h) - f(x)g(x)}{h} \\
&= \lim_{h \to 0} \frac{f(x+h)g(x+h) - f(x)g(x+h) + f(x)g(x+h) - f(x)g(x)}{h} \\
&= \lim_{h \to 0} \underbrace{\frac{f(x+h)-f(x)}{h}}_{\to f'(x)} \underbrace{g(x+h)}_{\to g(x)} + \lim_{h \to 0} \underbrace{\frac{g(x+h)-g(x)}{h}}_{\to g'(x)} \underbrace{f(x)}_{\to f(x)} \\
&= f'(x)g(x) + f(x)g'(x)
\end{aligned}$$

例題　関数の積の微分

(Q) $y = (x+1)(x^2+4x+1)$ を x で微分しなさい．

公式「関数の積に関する微分」より

$$y' = \{(x+1)(x^2+4x+1)\}'$$
$$= (x+1)'(x^2+4x+1) + (x+1)(x^2+4x+1)'$$
$$= (x^2+4x+1) + (x+1)(2x+4) = 3x^2+10x+5$$

やってみよう

次の関数を x で微分しなさい．

(1) $y = x(x^2+3x+1)$　　(2) $y = -x(x^3+3x^2+x-3)$

(3) $y = (x^3-3x^2+2x-2)(x^2-3x)$　　(4) $y = (x^2-1)(x^2+1)$

[答]
(1) $(x^2+3x+1) + x(2x+3) = 3x^2+6x+1$
(2) $-(x^3+3x^2+x-3) - x(3x^2+6x+1) = -4x^3-9x^2-2x+3$
(3) $(3x^2-6x+2)(x^2-3x) + (x^3-3x^2+2x-2)(2x-3) = 5x^4-24x^3+33x^2-16x+6$
(4) $(2x)(x^2+1) + (x^2-1)(2x) = 4x^3$

12.2　関数の商に関する微分

ここでは，2 つの関数 $f(x), g(x)$ の商 $\left(\dfrac{f(x)}{g(x)}\right)$ の微分を考える．

― 公式●関数の商に関する微分 ―

$$\left(\frac{f(x)}{g(x)}\right)' = \frac{f'(x)g(x) - f(x)g'(x)}{\{g(x)\}^2}$$

[考え方]

$$\left(\frac{1}{g(x)}\right)' = \lim_{h \to 0} \frac{\frac{1}{g(x+h)} - \frac{1}{g(x)}}{h} = \lim_{h \to 0} \frac{g(x) - g(x+h)}{hg(x+h)g(x)}$$

$$= \lim_{h \to 0} \left\{ \underbrace{-\left(\frac{g(x+h) - g(x)}{h}\right)}_{\to -g'(x)} \underbrace{\left\{\frac{1}{g(x+h)g(x)}\right\}}_{\to \frac{1}{\{g(x)\}^2}} \right\} \quad (12.1)$$

$$= -\frac{g'(x)}{\{g(x)\}^2}$$

$$\left(\frac{f(x)}{g(x)}\right)' = \left(f(x)\frac{1}{g(x)}\right)' \underset{\text{公式「関数の積に関する微分」}}{=} f'(x)\frac{1}{g(x)} + f(x)\left(\frac{1}{g(x)}\right)'$$

$$\underset{(12.1)}{=} f'(x)\frac{1}{g(x)} + f(x)\left(-\frac{g'(x)}{\{g(x)\}^2}\right)$$

$$= \frac{f'(x)g(x) - f(x)g'(x)}{\{g(x)\}^2}$$

例題　関数の商の微分

(Q) $y = \dfrac{2x}{x^2 + 2x + 1}$ を x で微分しなさい.

$$y' = \frac{(2x)'(x^2 + 2x + 1) - (2x)(x^2 + 2x + 1)'}{(x^2 + 2x + 1)^2}$$

$$= \frac{2(x^2 + 2x + 1) - (2x)(2x + 2)}{(x^2 + 2x + 1)^2}$$

$$= \frac{-2x^2 + 2}{(x^2 + 2x + 1)^2}$$

(Q) $y = \dfrac{1}{x}$ を x で微分しなさい.

$$y' = \frac{(1)'x - 1(x)'}{x^2} = -\frac{1}{x^2}$$

[別解]

$y = \dfrac{1}{x} = x^{-1}$ と考えて (x^{-1}) を n 次関数の微分公式を利用して微分してもよい．

$$y' = (x^{-1})' = -1 \times x^{-1-1} = -x^{-2} = -\dfrac{1}{x^2}$$

やってみよう

次の関数を x で微分しなさい．

(1) $y = \dfrac{1}{3x}$ （2) $y = \dfrac{3}{2x^2}$ （3) $y = \dfrac{x^2+1}{2x}$

(4) $y = \dfrac{4x-1}{x^2+1}$ （5) $y = \dfrac{2x^2+3x-2}{-x^2+2x+1}$

[答]

(1) (12.1) 式より，$\dfrac{-3}{9x^2} = -\dfrac{1}{3x^2}$

(2) (12.1) 式より，$\dfrac{-3 \cdot 4x}{4x^4} = \dfrac{-3}{x^3}$

(3) $\dfrac{2x \cdot 2x - (x^2+1)2}{4x^2} = \dfrac{x^2-1}{2x^2}$

(4) $\dfrac{4(x^2+1) - (4x-1)2x}{(x^2+1)^2} = \dfrac{-4x^2+2x+4}{(x^2+1)^2}$

(5) $\dfrac{(4x+3)(-x^2+2x+1) - (2x^2+3x-2)(-2x+2)}{(-x^2+2x+1)^2} = \dfrac{7x^2+7}{(-x^2+2x+1)^2}$

12.2 関数の商に関する微分

12.3 合成関数の微分

ここでは，関数 $f(x)$ と $g(x)$ の合成関数の微分を学ぶ．

合成関数

2 つの関数 $y=f(x)$，$y=g(x)$ に対して，$y=f(g(x))$ を $f(x)$ と $g(x)$ の**合成関数**という*．

$$x \xrightarrow{g} g(x) \xrightarrow{f} f(g(x))$$

例：合成関数

$f(x)=x^2$，$g(x)=2x+1$ のとき合成関数 $f(g(x))$ を求めるには関数 f の x に，関数 $g(x)$ を代入すればよいので，

$$f(g(x)) = \underbrace{f(2x+1)}_{f(x)=x^2 の x の中に 2x+1 を代入} = (2x+1)^2 = 4x^2+4x+1$$

よって，$f(g(x)) = 4x^2+4x+1$ である．

例題 合成関数

(Q) $f(x)=4x+1$，$g(x)=x^2+x$ について，それらの合成関数 $f(g(x))$ と $g(f(x))$ を求めなさい．

$$f(g(x)) = \underbrace{f(x^2+x)}_{f(x)=4x+1 の x の中に x^2+x を代入} = 4(x^2+x)+1 = 4x^2+4x+1$$

$$g(f(x)) = \underbrace{g(4x+1)}_{g(x)=x^2+x の x の中に 4x+1 を代入} = (4x+1)^2+(4x+1) = 16x^2+12x+2$$

---

* 合成関数 $f(g(x))$ が存在するためには，関数 g の値域が関数 f の定義域に含まれている必要がある．

合成関数の微分

公式●合成関数の微分

合成関数 $y=f(g(x))$ は，$u=g(x)$ とおくと $y=f(u)$ とかけ，その合成関数の導関数は以下のように与えられる*．

$$\frac{dy}{dx} = \frac{dy}{du}\frac{du}{dx} = \frac{df(u)}{du}\frac{dg(x)}{dx}$$

つまり，合成関数 $y=f(g(x))$ の導関数は $y=f(u)$ を u で微分した導関数と $u=g(x)$ を x で微分した導関数を掛け合わせたものになる．

[考え方]

合成関数 $y=f(g(x))$ の導関数を求める．ここで，$y=f(u)$, $u=g(x)$ とする．

$$\begin{aligned}
\frac{dy}{dx} &= \frac{df(g(x))}{dx} = \lim_{h \to 0} \frac{f(g(x+h)) - f(g(x))}{h} \\
&= \lim_{h \to 0} \left(\frac{f(g(x+h)) - f(g(x))}{h} \right) \left(\frac{g(x+h) - g(x)}{g(x+h) - g(x)} \right) \\
&= \lim_{h \to 0} \left(\frac{f(g(x+h)) - f(g(x))}{g(x+h) - g(x)} \right) \left(\frac{g(x+h) - g(x)}{h} \right) \quad (12.2)
\end{aligned}$$

ここで，$k = g(x+h) - g(x)$ とすると，$u = g(x)$ より，$u+k = g(x) + g(x+h) - g(x)$ となるので，$u+k = g(x+h)$ とかける．従って，(12.2) 式に代入すると，

$$\frac{dy}{dx} = \lim_{h \to \infty} \left(\frac{f(u+k) - f(u)}{k} \right) \left(\frac{g(x+h) - g(x)}{h} \right) \quad (12.3)$$

が得られる．ここで，$h \to 0$ のとき，$k = g(x+h) - g(x) \to 0$ と仮定すると，(12.3) 式は，

---

* ここでは，$f(x)$ を x で微分することを $\frac{df(x)}{dx}$ と表すことにする．

$$\frac{dy}{dx} = \lim_{k \to 0}\left(\frac{f(u+k)-f(u)}{k}\right)\lim_{h \to 0}\left(\frac{g(x+h)-g(x)}{h}\right)$$
$$= f'(u)g'(x) \tag{12.4}$$
$$= \frac{dy}{du}\frac{du}{dx}$$

(12.3) から (12.4) 式への変形は極限の性質 $\lim_{x \to c}(f(x)g(x)) = \lim_{x \to c}f(x)\lim_{x \to c}g(x)$ を用いている.

例題　合成関数の微分

(Q) $y = (5x^3 + 4x^2 + x + 1)^4$ を x で微分しなさい.

$u = 5x^3 + 4x^2 + x + 1$ とおくと，$y = u^4$ と表すことができる．公式「合成関数の微分」より

$$\frac{dy}{dx} = \frac{dy}{du}\frac{du}{dx} = (4u^3)(15x^2 + 8x + 1)$$
$$= 4(5x^3 + 4x^2 + x + 1)^3(15x^2 + 8x + 1)$$

(Q) $y = \left(x - \dfrac{1}{x}\right)^3$ を x で微分しなさい.

$u = x - \dfrac{1}{x}$ とおくと，$y = u^3$ と表すことができる．公式「合成関数の微分」より

$$\frac{dy}{dx} = \frac{dy}{du}\frac{du}{dx} = (3u^2)\left(1 + \frac{1}{x^2}\right)$$
$$= 3\left(x - \frac{1}{x}\right)^2\left(1 + \frac{1}{x^2}\right)$$

(Q) $y = \sqrt{x+1}$ を x で微分しなさい.

$u = x + 1$ とおくと，$y = \sqrt{u}$ と表すことができる．公式「合成関数の微分」より

$$\frac{dy}{dx} = \frac{dy}{du}\frac{du}{dx} = \left(\frac{1}{2\sqrt{u}}\right)$$
$$= \frac{1}{2\sqrt{x+1}}$$

> やってみよう

1. 次の関数 $f(x)$ と $g(x)$ の合成関数 $f(g(x))$ を求めなさい.
   (1) $f(x) = x$, $g(x) = 3x - 2$
   (2) $f(x) = \sqrt{x^2 + x}$, $g(x) = 3$
   (3) $f(x) = x^4$, $g(x) = -x^2 - 2x + 3$
   (4) $f(x) = \sqrt{x}$, $g(x) = x^2 + 2x + 2$

2. 次の関数を x で微分しなさい.
   (1) $y = (-x^3 + 2x^2 + x + 2)^3$
   (2) $y = \sqrt{x+1}$
   (3) $y = \sqrt{x^2 + 2x + 2}$
   (4) $y = \sqrt{\sqrt{x+1} + 1}$

[答]
1. (1) $f(x) = x$ の x に $g(x)$ を，つまり $3x - 2$ を代入すればよいので $f(g(x)) = 3x - 2$.
   (2) $f(x) = \sqrt{x^2 + x}$ の x に $g(x)$ を，つまり 3 を代入すればよいので $f(g(x)) = \sqrt{3^2 + 3} = \sqrt{12} = 2\sqrt{3}$.
   (3) $f(x) = x^4$ の x に $g(x)$ を，つまり $-x^2 - 2x + 3$ を代入すればよいので $f(g(x)) = (-x^2 - 2x + 3)^4$.
   (4) $f(x) = \sqrt{x}$ の x に $g(x)$ を，つまり $x^2 + 2x + 2$ を代入すればよいので $f(g(x)) = \sqrt{x^2 + 2x + 2}$.

2. (1) $u = -x^3 + 2x^2 + x + 2$ とおくと $y = u^3$, $\dfrac{dy}{dx} = \dfrac{dy}{du}\dfrac{du}{dx} = 3u^2(-3x^2 + 4x + 1) = 3(-x^3 + 2x^2 + x + 2)^2(-3x^2 + 4x + 1)$.
   (2) $u = x + 1$ とおくと $y = \sqrt{u}$, $\dfrac{dy}{dx} = \dfrac{dy}{du}\dfrac{du}{dx} = \dfrac{1}{2\sqrt{u}} = \dfrac{1}{2\sqrt{x+1}}$.
   (3) $u = x^2 + 2x + 2$ とおくと $y = \sqrt{u}$, $\dfrac{dy}{dx} = \dfrac{dy}{du}\dfrac{du}{dx} = \dfrac{1}{2\sqrt{u}}(2x + 2) = \dfrac{x+1}{\sqrt{x^2 + 2x + 2}}$.
   (4) $u = \sqrt{x+1}$ とおくと $y = \sqrt{u+1}$, $\dfrac{dy}{dx} = \dfrac{dy}{du}\dfrac{du}{dx} = \dfrac{1}{2\sqrt{u+1}}\dfrac{1}{2\sqrt{x+1}} = \dfrac{1}{2\sqrt{\sqrt{x+1}+1}} \times \dfrac{1}{2\sqrt{x+1}} = \dfrac{1}{4(\sqrt{\sqrt{x+1}+1})(\sqrt{x+1})}$.

練習問題

1. 次の関数を x で微分しなさい.
   (1) $y = (x+2)^8$
   (2) $y = x\sqrt{x+1}$
   (3) $y = (x^2 + 3x + 1)(-x - 4)$
   (4) $y = \sqrt{4 - x^2}$
   (5) $y = \dfrac{x+1}{4x+1}$
   (6) $y = \dfrac{1}{x^2}$

2. $f(x) = \dfrac{1}{x^2}$ を定義に従って微分したものと,公式「関数の商に関する微分」を用いて微分したもので結果が同じになることを確認しなさい.

3. $y = f(x)g(x)h(x)$ の導関数は,$(f(x)g(x)h(x))' = f'(x)g(x)h(x) + f(x)g'(x)h(x) + f(x)g(x)h'(x)$ であることを示しなさい.また,この関係式を用いて,$y = (x+3)(2x-1)(-x+1)$ を微分しなさい.

第13講
微分の応用

■本講では，前講で学んだ微分の基礎知識を，様々な問題に適用する．例えば，微分係数の情報をもとにした複雑な関数のグラフのかき方や，関数の最大値・最小値問題の解き方を学ぶ．最大値・最小値問題は，ミクロ経済学やマクロ経済学などで頻出する問題である．

13.1 接線の方程式

前講で学んだように，$x=a$ における接線の傾きは $x=a$ における $f(x)$ の微分係数 $f'(a)$ と一致する．

これより以下の公式が成り立つ．

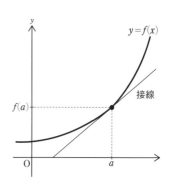

公式●接線の方程式

関数 $y=f(x)$ のグラフ上の点 $(a, f(a))$ における接線の方程式は

$$y - f(a) = f'(a)(x - a)$$

である．

[考え方]

求めたいグラフの方程式は，傾きが $f'(a)$ で点 $(a, f(a))$ を通る直線である．これは，直線 $y=f'(a)x$ を x 方向に a，y 方向に $f(a)$ だけ平行移動した直線なので，**第4講の公式「直線の式」**より

$$y - f(a) = f'(a)(x - a)$$

とかける．

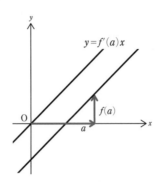

例題　接線の方程式

(Q) 関数 $y = x^2 - 2x$ のグラフ上の x 座標が 2 である点における接線の方程式を求めなさい．

$f(x) = x^2 - 2x$ とおくと，$f'(x) = 2x - 2$ なので，$x = 2$ における接線の傾きは $f'(2) = 2 \times 2 - 2 = 2$ である．接点の x 座標は 2 なので y 座標は $f(2) = 0$ である．つまり，傾きが 2 で $(2, 0)$ を通る直線を求めればよいので，

$$y - 0 = 2(x - 2), \text{ つまり，} y = 2x - 4.$$

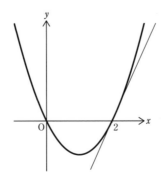

(Q) $y = 2x^2 - 3x - 2$ のグラフにおける接線の傾きが 1 になる接点の座標を求めなさい.

接点の x 座標を a とおくと，そこでの接線の傾きは $f'(a)$ とかける. よって，$f'(a) = 1$ となる a を求めればよい. $f'(x) = 4x - 3$ なので，$f'(a) = 4a - 3$ である. 従って解くべき方程式は $4a - 3 = 1$ であり，$a = 1$ と分かる. つまり接点の x 座標が 1, y 座標は $y = 2 \times 1^2 - 3 \times 1 - 2 = -3$.

やってみよう

1. $y = x^2 + 3x - 2$ のグラフ上の点 $(1, 2)$ における接線の傾きを求めなさい.

2. $y = x^2 - 4x + 6$ のグラフ上の点 $(2, 2)$ における接線の方程式を求めなさい.

3. $y = -3x^3 + 2x^2 + x - 1$ のグラフ上の点 $(1, -1)$ における接線の方程式を求めなさい.

4. $y = x^2 - 3x + 1$ のグラフにおける接線の傾きが 1 になる接点の座標を求めなさい.

[答]
1. $y' = 2x + 3$ より $x = 1$ における傾きは 5.
2. $y' = 2x - 4$ より $x = 2$ における傾きは 0. 従って，接線の方程式は $y = 2$.
3. $y' = -9x^2 + 4x + 1$ より $x = 1$ における接線の傾きは -4. 従って，接線の方程式は $y - (-1) = -4(x - 1)$, $y = -4x + 3$.
4. 接点の座標を $(a, a^2 - 3a + 1)$ とおくと，$x = a$ における接線の傾きは $2a - 3$. 傾きが 1 になるための条件は $2a - 3 = 1$ より $a = 2$. 従って，接点の座標は $(2, -1)$.

13.2 関数の微分とグラフ

関数 $y=f(x)$ について，x の値が増加したとき，y の値が増加しているか，減少しているかの様子はそこでの接線の傾きの符号を見れば分かる．

> **公式●関数の増減**
>
> 関数 $y=f(x)$ の値の増減は，
>
> $f'(x)>0$ となる x の範囲で増加し，
>
> $f'(x)<0$ となる x の範囲で減少する．

[考え方]

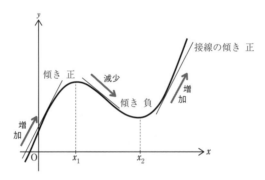

グラフから明らかなように，関数 $y=f(x)$ が増加している x の範囲における接線の傾きは常に正である．一方，減少している x の範囲における接線の傾きは常に負である．上のグラフでは，

$f'(x)>0$ となるのは $x<x_1$ かつ $x>x_2$

$f'(x)<0$ となるのは $x_1<x<x_2$

よって，$y=f(x)$ は $x<x_1$ かつ $x>x_2$ で増加し，$x_1<x<x_2$ で減少する．

増減表

関数 $y=f(x)$ の増減と微分係数の符号をまとめて表にしたものを**増減表**とよぶ．

例えば，上のグラフにおける増減表は次のようになる．

x	$\cdots$	x_1	$\cdots$	x_2	$\cdots$
$f'(x)$	+	0	−	0	+
$f(x)$	↗	$f(x_1)$	↘	$f(x_2)$	↗

（↗ は $f(x)$ の値が増加，↘ は $f(x)$ の値が減少することを表している．）

(注) 関数の増減のちょうど境目の x における接線の傾きは必ず 0 になることに注意しよう．従って，$f'(x)=0$ となる x の値が関数 $f(x)$ の増減の境目となるので，その x を軸として表を作るとよい．

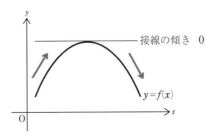

関数の増減表がかけると，その関数のグラフの大雑把な形が分かる．

例題 増減表と関数のグラフ

(Q) 関数 $y=-x^3+3x$ の増減表を作り，そのグラフをかきなさい．

関数 $f(x)=-x^3+3x$ の導関数は $f'(x)=-3x^2+3=-3(x+1)(x-1)$ なので，導関数 $f'(x)=0$ を与える x は $x=1,-1$ である．

そして，その際の y の値はそれぞれ $f(1)=2$, $f(-1)=-2$ である．$x<-1$ における微分係数の符号を知るために $x=-2$（$x<-1$ であればどんな数字でもよい）における微分係数を求めると，$f'(-2)=-3\times(-2)^2+3=-9<0$ なので，$x<-1$ における微分係数の符号は −．

$-1<x<1$ における微分係数の符号を知るために，$x=0$（$-1<x<1$ であればどんな数字でもよい）における微分係数を求めると $f'(0)=-3\times 0^2+3=3>0$ なので，$-1<x<1$ における微分係数の符号は + であると分かる．

同様にして$x>1$における微分係数の符号を求めると$-$と分かる．以上より増減表とグラフは以下のようになる．

x	$\cdots$	-1	$\cdots$	1	$\cdots$
$f'(x)$	$-$	0	$+$	0	$-$
$f(x)$	↘	-2	↗	2	↘

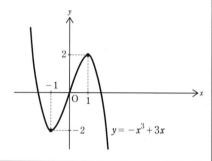

やってみよう

1. 2次関数 $y = x^2 + 4x + 2$ の増減表を作り，そのグラフをかきなさい．

2. 4次関数 $y = \frac{1}{4}x^4 - \frac{1}{2}x^2$ の増減表を作り，そのグラフをかきなさい．

[答]

1.

x	$\cdots$	-2	$\cdots$
$f'(x)$	$-$	0	$+$
$f(x)$	↘	-2	↗

2.

x	$\cdots$	-1	$\cdots$	0	$\cdots$	1	$\cdots$
$f'(x)$	$-$	0	$+$	0	$-$	0	$+$
$f(x)$	↘	$-\frac{1}{4}$	↗	0	↘	$-\frac{1}{4}$	↗

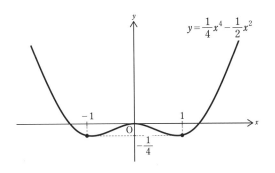

13.3 関数の極値

前節で学んだように，関数の微分が求められるとその関数のグラフの増減が分かる．この情報をもとに，関数の極値という概念を学ぶ．

関数の極値

関数 $f(x)$ の値が $x=x_1$ を境に，増加から減少に変わるとき，$f(x)$ は $x=x_1$ において**極大**になるといい，その値 $f(x_1)$ を**極大値**という．

また，$x=x_2$ を境に，減少から増加に変わるとき，$f(x)$ は $x=x_2$ において**極小**になるといい，その値 $f(x_2)$ を**極小値**という．

そして，極大値と極小値を合わせて**極値**という*．

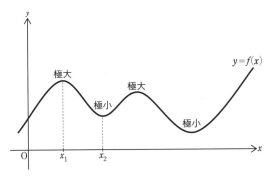

---

* グラフからも分かるように，必ずしも極大値がその関数の最大値を与えるわけではない．極大値は，その近傍では最大値を与える．極小値も同様に，その近傍では最小値を与える．

増減表をかいても明らかなように，極値を与える x の値における微分係数は 0 となる．よって以下の条件が成り立つ．

極値をとるための条件

関数 $f(x)$ が $x=a$ で極値をとるならば $f'(a)=0$．

例題　極値

(Q) 関数 $y=-x^3+3x$ の極値を求めなさい．

「増減表と関数のグラフ」の例題より，$x=-1$ においてグラフが減少から増加に（微分係数の符号が － から ＋ に）変わっているので，$x=-1$ のとき極小値 -2 を，$x=1$ においてグラフが増加から減少に（微分係数の符号が ＋ から － に）変わっているので，$x=1$ のとき極大値 2 をとる．

(Q) $y=-2x^2-4x+5$ の最大値を求めなさい．

この場合の 2 次関数のグラフは上に凸なので，最大値は極大値と一致する．また，極大値を与える点が 2 次関数のグラフの頂点になっている．よって，極大値を求めればグラフの頂点も最大値も分かる．

極大値の x 座標は $y'=0$ を満たす x であるので，$-4x-4=0$ を解いて，$x=-1$ のとき極大値 7 をとる．従って，最大値は $x=-1$ のとき $y=7$ となる．

第 6 講の 2 次関数では，最大値と最小値を求める際に，平方完成して頂点の座標を求める必要があったが，微分を用いれば平方完成することなく，頂点の座標を求めることができ，そこから最大値や最小値を求めることができる．

やってみよう

1. 次の関数の極値を求めなさい．
   (1) $y = x^2 + 2x + 2$
   (2) $y = -3x^2 + 4x - 1$
   (3) $y = \dfrac{1}{3}x^3 - \dfrac{3}{2}x^2 + 2x - 3$

2. 次の関数の最大値と最小値を求めなさい．
   (1) $y = 2x^2 + 4x - 2 \ (-3 \leq x \leq 1)$
   (2) $y = x^3 - 6x^2 + 9x \ (-1 \leq x \leq 4)$

[答]
1. (1) $y' = 2x + 2 = 0$ より $x = -1$ で極小値 1 をとる．
   (2) $y' = -6x + 4 = 0$ より $x = \dfrac{2}{3}$ で極大値 $\dfrac{1}{3}$ をとる．
   (3) $y' = x^2 - 3x + 2 = 0$, $(x-2)(x-1) = 0$ より $x = 2, 1$ で極値をとる．増減表をかくことにより，$x = 1$ で極大値 $-\dfrac{13}{6}$, $x = 2$ で極小値 $-\dfrac{7}{3}$.
2. (1) グラフをかくことにより，$x = -1$ のとき最小値 -4, $x = 1, -3$ のとき最大値 4.
   (2) グラフをかくことにより，$x = -1$ のとき最小値 -16, $x = 1, 4$ のとき最大値 4.

練習問題

1. 次の問いに答えなさい．
   (1) 関数 $y = 2x^2 - 4x + 1$ のグラフ上における点 $(2, 1)$ における接線の方程式を求めなさい．
   (2) 関数 $y = \sqrt{x-1}$ のグラフ上の点 $(2, 1)$ における接線の方程式を求めなさい．
   (3) 関数 $y = x^3 - 3x$ のグラフにおける接線の傾きが 0 となる接点の座標を求めなさい．

2. 次の関数の増減表をかき，それをもとにグラフをかきなさい．
   (1) $y = -x^2 + 3x + 1$　　(2) $y = x + \sqrt{1 - x^2}$

3. 関数 $y = x\sqrt{2 - x^2}$ の最大値と最小値を求めなさい．

4. $y = \dfrac{1}{x}$ 上の点 $(1, 1)$ の接線と x 軸，y 軸とで囲まれる三角形の面積を求めなさい．

5. ある企業の利潤 Π（パイ）が，生産する財の量 q を用いて $\Pi = -\dfrac{1}{3}q^3 - q^2 + 15q + 10$ で表されるとき，利潤を最大にする生産量 q を求めなさい．

第14講
場合の数

■限られた予算の中で遠足に持って行くためのお菓子を買う際の組み合わせや，電車で目的の駅にたどり着くためのルートの候補数など，場合の数の考え方は我々の生活に密接に関わっている．本講では場合の数の求め方を学ぶ．また，場合の数の計算は次講の確率を計算するためにも必要不可欠である．

14.1 場合の数

場合の数

考えている事柄について，起こり得る全ての場合を数え上げたその総数を**場合の数**という．

例題 場合の数

(Q) 10円，50円と100円の硬貨を使った120円の支払い方の場合の数を求めなさい．

この場合の数を数え上げると以下のようになる．
- (100円1枚，10円2枚)
- (50円2枚，10円2枚)
- (50円1枚，10円7枚)
- (10円12枚)

の4通り．

樹形図を用いると，場合の数を簡単に求められることが多い．樹形図とは，物事を（木の枝が枝分かれしながら伸びていくように）順番にかき出した図である．上の例の樹形図は以下のようにかくことができる．

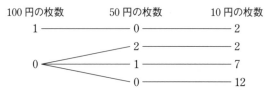

樹形図の一番右の枝の数が求めたい場合の数に対応する．

やってみよう

1. 大小2つのサイコロを同時に投げたとき，出た目の和が5になる場合は何通りあるか求めなさい．

2. 4個の数字 0, 1, 2, 2 を並べてできる4桁の整数は何通りあるか求めなさい．

3. Aさん，Bさん，Cさんの3人に12個のチョコレートを分ける場合の数を求めなさい．ただし，最低1人3個はもらうものとする．

[答]
1. (大, 小) = (1, 4), (2, 3), (3, 2), (4, 1) の 4 通り．
2. 図より 9 通り． 3. 図より 10 通り．

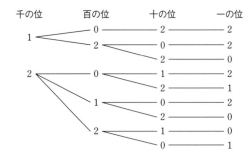
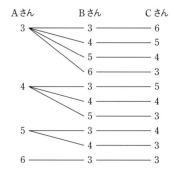

14.2 和の法則

> **公式●和の法則**
>
> 事柄 A と事柄 B が同時に起こらないとき，A の起こり方が m 通り，B の起こり方が n 通りであるとすると，A, B のいずれかが起こる場合の数は，
>
> $$m + n \text{ 通り}$$
>
> である*.

例題　和の法則

(Q) 大小 2 個のサイコロを同時に投げるとき，出た目の和が 5 の倍数になる場合の数を求めなさい．

2 個のサイコロの目の和は 2 以上 12 以下であるので，目の和が 5 の倍数になるのは，(1) 和が 5 の場合と，(2) 和が 10 の場合の 2 通りである．

(1) 和が 5 の場合
樹形図（枝分かれはしないがこれも樹形図である）

```
大の目        小の目
 1 ——————— 4
 2 ——————— 3
 3 ——————— 2
 4 ——————— 1    の 4 通り
```

(2) 和が 10 の場合
樹形図

```
 4 ——————— 6
 5 ——————— 5
 6 ——————— 4    の 3 通り
```

---

* 事柄が 2 つ以上ある場合でも同様にそれぞれの事柄の起こり方の数を足せばよい．

> （1）と（2）は同時には起こらないので，公式「和の法則」より 5 の倍数になる場合の数は $4+3=7$ 通り．

やってみよう

1. 大中小の 3 つのサイコロを同時に投げるとき，出た目の和が 7 の倍数になる場合の数を求めなさい．

2. 大小の 2 つのサイコロを同時に投げるとき，出た目の和が偶数になる場合の数を求めなさい．

3. 10 を 3 個以内の自然数の和に分ける方法の場合の数を求めなさい．

[答]
1. 和が 7 の場合の数と 14 の場合の数を足して $15+15=30$ 通り．
2. 2 つとも偶数が出る場合の数と 2 つとも奇数が出る場合の数を足して $9+9=18$ 通り．
3. 数字を 3 個に分ける場合の数と，2 個に分ける場合の数を足して $8+5=13$ 通り．

14.3 積の法則

> **公式●積の法則**
>
> 事柄 A の起こり方が m 通り，そのどの場合に対しても事柄 B の起こり方が n 通りあれば，A と B がともに起こる場合の数は
>
> $$mn \text{ 通り}$$
>
> である*．

---

* 事柄が 2 つ以上ある場合でも同様にそれぞれの事柄の起こり方の数を掛ければよい．

例 題 積の法則

(Q) 赤いカードが2枚と黒いカード3枚がある．それぞれから1枚ずつ選ぶとき，選び方の場合の数を求めなさい．

赤いカードの選び方は2通りあり，そのどの場合でも黒いカードの選び方は3通りある．よって選び方の総数は積の法則より $2 \times 3 = 6$ 通り．

ちなみに樹形図は以下のようになる．（赤いカードに $1, 2$ と，黒いカードに $1, 2, 3$ と番号を付けたとする．）

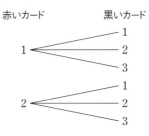

やってみよう

1. 男子5人，女子3人の中から男女それぞれ1人ずつゼミの代表を選ぶとき，その選び方の場合の数を求めなさい．

2. 大中小の3つのサイコロを同時に投げたとき，目の出方は何通りあるか求めなさい．

3. $(a+b+c+d)(x+y)$ を展開すると，項は何個できるか求めなさい．

[答]
1. $5 \times 3 = 15$ 通り   2. $6^3 = 216$ 通り   3. $4 \times 2 = 8$ 個

14.4 順列

順列（Permutation）

いくつかのものに**順序をつけて**一列に並べたものを**順列**という．一般に，異なる n 個のものから異なる r 個を取り出して並べる順列を **n 個から r 個を取る順列**といい，その総数を $_nP_r$ とかく．

公式●順列の数

$$_nP_r = \underbrace{n(n-1)(n-2)(n-3)\cdots\{n-(r-2)\}\{n-(r-1)\}}_{r \text{個の掛け算}}$$

$r = n$ のとき，つまり $_nP_n$ を $n!$ とかき，n の階乗という．つまり，

$$n! = n(n-1)(n-2)\cdots 3\cdot 2\cdot 1$$

また，$_nP_0 = 1$，$0! = 1$ と定める．

[考え方]

公式「**積の法則**」を利用する．

例として，5個から3個とる順列として，a, b, c, d, e の文字から3文字を取り出し並べる場合の数を考える．1番目に取り出す文字の場合の数は5通り，2番目に取り出す文字の場合の数は4通り，3番目に取り出す文字の場合の数は3通りで積の法則より $5 \times 4 \times 3 = 60 (= {_5P_3})$．

例題 順列の数

以下の順列を計算しなさい．

(Q) $_4P_3$

$_4P_3 = 4 \times 3 \times 2 = 24$

(Q) $4!$

$4! = 4 \times 3 \times 2 \times 1 = 24$

例 題　順列を用いた場合の数

(Q) 1から6までの数字を3つ選び，それらを並べてできる3桁の整数は何通りあるか求めなさい．

6個の数字から3個を選んで並べる場合の数なので $_6P_3 = 6 \times 5 \times 4 = 120$ 通り．

やってみよう

1. 以下の計算をしなさい．

    (1) $_7P_4$　　(2) $_nP_2$　　(3) $5!$　　(4) $_3P_0$

2. 1組のトランプ52枚の中から3枚を選んで並べる場合の数を求めなさい．

3. 4個の数字 $1,2,3,4$ を並べて4桁の整数を作るとき，偶数は何通りできるか求めなさい．

4. $_nP_2 = 56$ を満たす n の値を求めなさい．

[答]

1. (1) $7 \cdot 6 \cdot 5 \cdot 4 = 840$
   (2) $n(n-1) = n^2 - n$
   (3) $5 \cdot 4 \cdot 3 \cdot 2 \cdot 1 = 120$
   (4) 定義より1．
2. $_{52}P_3 = 132600$ 通り
3. 一の位に偶数がこればあとはなんでもよいので $2 \times {}_3P_3 = 2 \cdot 3 \cdot 2 \cdot 1 = 12$ 通り．
4. $n(n-1) = 56$ より $n = 8, -7$ となるが $n > 0$ なので $n = 8$．

14.5 組み合わせ

> **組み合わせ（Combination）**

いくつかのものを**順序を考えず**に取り出して1組にしたものを**組み合わせ**という．一般に異なる n 個のものから r 個を取り出して1組としたものを **n 個から r 個取る組み合わせ**といい，その総数を ${}_nC_r$ とかく．

順列との違いは選んだカードを並べるといったような順序をつけないことである．

公式●組み合わせの数

$$
{}_nC_r = \frac{{}_nP_r}{r!} = \frac{\overbrace{n(n-1)(n-2)(n-3)\cdots\{n-(r-2)\}\{n-(r-1)\}}^{r\text{個の掛け算}}}{\underbrace{r(r-1)(r-2)(r-3)\cdots 3 \cdot 2 \cdot 1}_{r\text{個の掛け算}}}
$$

ただし，${}_nC_0 = 1$ と定める．

［考え方］

なぜ ${}_4C_3 = \dfrac{{}_4P_3}{3!}$ となるかを考える．

例として，a, b, c, d の4文字から3文字とる順列 ${}_4P_3$ を次のように考える．

(1) 4文字から3文字とる組み合わせは ${}_4C_3$ 通りあるので，3文字の組みが以下のように ${}_4C_3(=4)$ セットとれる．

　　{a, b, c} {a, b, d} {a, c, d} {b, c, d}

(2) その ${}_4C_3$ セットそれぞれに含まれる3文字を並べてできる文字列の場合の数が順列 ${}_4P_3$ である．3文字を並べる並べ方は 3! 通り．

$$
{}_4C_3 \begin{cases} \{a,b,c\} \\ \{a,b,d\} \\ \{a,c,d\} \\ \{b,c,d\} \end{cases}
\begin{matrix} \text{a,b,c} \\ \text{a,c,b} \\ \text{b,a,c} \\ \text{b,c,a} \\ \text{c,a,b} \\ \text{c,b,a} \end{matrix} \Bigg\} 3!
$$

組み合わせ

従って，**公式「積の法則」**より，${}_4P_3 = {}_4C_3 \times 3!$ なので，結局 ${}_4C_3 = \dfrac{{}_4P_3}{3!}$．

例題　組み合わせの数

以下の組み合わせの計算をしなさい．

(Q) $_4C_3$

$$_4C_3 = \frac{_4P_3}{3!} = \frac{4 \cdot 3 \cdot 2}{3 \times 2 \times 1} = 4$$

(Q) $_3C_1$

$$_3C_1 = \frac{_3P_1}{1!} = \frac{3}{1} = 3$$

例題　組み合わせを用いた場合の数

(Q) 1から6までの数字が書かれたカードを3枚選ぶときその選び方は何通りあるか求めなさい．

6枚カードから3個を選ぶ場合の数なので $_6C_3 = \dfrac{6 \times 5 \times 4}{3!} = 20$ 通り．

やってみよう

1. 以下の計算をしなさい．

    (1) $_5C_2$ 　　(2) $_6C_6$ 　　(3) $_4C_1$

2. 男子4人，女子5人の中から2人ずつ選ぶ場合の数を求めなさい．

3. a, b, c, d, e, f の6文字の中から必ず e を含んで4文字を選ぶ選び方は何通りあるか求めなさい．

[答]

1. (1) $\dfrac{5 \times 4}{2 \times 1} = 10$ 　　(2) 1 　　(3) $\dfrac{4}{1} = 4$
2. $_4C_2 \times _5C_2 = 60$ 通り
3. eを除いた5文字の中から3文字を選べばよいので，$_5C_3 = 10$ 通り．

練習問題

1. A, Bの2チームで試合を行い，3回先に勝ったチームが優勝とする．試合に引き分けはないとして優勝の決まり方は何通りあるか求めなさい．

2. 0, 1, 2がそれぞれかかれた3枚の大きなカードと，0, 1, 2, 3がそれぞれかかれた4枚の小さなカードがある．大きなカードにかかれた数字を十の位，小さなカードにかかれた数字を一の位にしてできる2桁の数字は何通りあるか求めなさい．

3. A, B, C, D, Eの5人を1列に並べるとき，
   (1) 並べ方の総数は何通りあるか求めなさい．
   (2) AさんとBさんが隣り合う並べ方は何通りか求めなさい．

4. 選択必修科目が4種類，専門科目が3種類あるとき，
   (1) 計7種類の科目から4種類を選ぶ場合の数は何通りか求めなさい．
   (2) 選択必修科目から2種類，専門科目から2種類を選ぶ場合の数は何通りか求めなさい．

第15講
確率

■じゃんけん，宝くじ，保険，天気予報など，確率に関連する身近な事柄は枚挙にいとまがない．また，確率の概念は「統計」を学ぶ上でも大変重要となる．本講で，確率に関する様々な問題を解けるようにその基礎を学ぶ．

15.1 確率

試行

同じ条件で繰り返すことができる実験や観測を**試行**とよぶ．

事象

試行の結果として起こる事柄を**事象**という．

全事象

考えている試行において起こり得る全ての事象を**全事象**といい，全事象を U で表す．

空事象

考えている試行において起こり得ない事象を**空事象**といい，空事象を $\emptyset$ で表す．

> **例：試行，事象**
>
> 「1個のサイコロを投げる」という試行においては，「4の目が出る」や「奇数の目が出る」などという事象が考えられる．
>
> また，この場合，全事象は，「1の目が出る」，「2の目が出る」，…，「6の目が出る」の6通りである．空事象は，「8の目が出る」などである．

確 率

ある試行において事象 A が起きる確率 $P(A)$* は以下のように計算される．

$$P(A) = \frac{事象Aの起こる場合の数}{試行において起こり得る全ての場合の数}$$

ただし，全ての事象は同様に確からしい** とする．

確率の性質

全事象を U，任意の事象を A，空事象を $\emptyset$ とすると，確率には以下の性質がある．

(1) $0 \leq P(A) \leq 1$
(2) $P(U) = 1$
(3) $P(\emptyset) = 0$

例題　確 率

(Q) 1個のサイコロを投げるとき，偶数の目が出る確率を求めなさい．

この場合，「1個のサイコロを投げる」という試行において，「偶数の目が出る」が確率を求めたい事象である．

1個のさいころを投げるという試行において，起こり得る全ての場合の数は $\{1,2,3,4,5,6\}$ の6通り．偶数の目が出る場合の数は $\{2,4,6\}$ の3通り．

従って，求める確率は $\dfrac{3}{6} = \dfrac{1}{2}$．

---

* 確率を表す英語 Probability の頭文字をとって A が起きる確率を $P(A)$ とかくことが多い．
** ある試行において，どの事象が起こることも同程度に期待できること．これは，どの事象が起こる確率も等しいと考えればよい．

(Q) AさんとBさんがじゃんけんを1回のみ行いAさんが勝つ確率を求めなさい．

A\B	グー	チョキ	パー
グー	△	A	B
チョキ	B	△	A
パー	A	B	△

表より全ての場合の数は9通り（Aさんの出し方3通り，Bさんの出し方3通りで積の法則より9通り），Aさんが勝つ場合の数は3通り（どの手で勝つかの3通り），なので，

$$\frac{3}{9} = \frac{1}{3}$$

より直感的には，一回のじゃんけんの結果としては勝ち，負け，あいこの3通りあり，それらが同様に確からしいので $\frac{1}{3}$ と考えてもよい．

このように，場合の数がさほど多くない場合は表や樹形図をかいて場合の数を全て数え上げることが可能だが，場合の数が多くなると表などをかくことは困難である．その場合は，公式「和の法則」や「積の法則」を用いて場合の数を求めることになる．

(Q) 5人でじゃんけんを1回のみ行い，1人だけ勝つ確率を求めなさい．

5人のじゃんけんの手の出し方は，5人がそれぞれグー・チョキ・パーの3通りの出し方があるので公式「積の法則」より全部で 3^5 通り．

また，5人のうち誰が勝つかで5通り，そのどの場合においても，グー，チョキ，パーのどの手で勝つかで3通り，なので，1人だけ勝つ場合の数は公式「積の法則」より，$5 \times 3 = 15$ 通り．よって，求めたい確率は $\frac{15}{3^5} = \frac{5}{81}$．

余 事 象

事象 A に対して,A が起こらない事象を A の**余事象**といい,$\bar{A}$ で表す.

> **例:余事象**
> (1)「くじを 2 本引いて少なくとも 1 本当たる」という事象は,「くじを 2 本引いて 2 本ともはずれる」という事象の余事象である.
> (2)「クラスの中で少なくとも同じ誕生日の学生 2 人組がいる」という事象は,「クラスの全員が異なる誕生日である」という事象の余事象である.

公式●余事象の確率

事象 A の余事象 $\bar{A}$ が起こる確率 $P(\bar{A})$ は以下で与えられる.

$$P(\bar{A}) = 1 - P(A)$$

[考え方]

事象 A とその余事象 $\bar{A}$ の和が全事象になるので $P(A) + P(\bar{A}) = P(U) = 1$. 従って,$P(\bar{A}) = 1 - P(A)$.

例 題 余事象の確率

(Q) 10 本のくじの中に,当たりくじが 5 本入っている.この中から 2 本のくじを同時に引くとき,少なくとも 1 本が当たる確率を求めなさい.

2 本のうち少なくとも 1 本当たる事象は,2 本ともはずれるという事象の余事象である.従って,余事象の確率の公式を用いて解くと簡単に求められる.

2 本ともはずれる場合の数ははずれくじ 5 本から 2 本を引く場合の数であることに注意して,2 本ともはずれる確率を求めると $\dfrac{{}_5C_2}{{}_{10}C_2} = \dfrac{2}{9}$ である.

ゆえに求める確率は $1 - \dfrac{2}{9} = \dfrac{7}{9}$.

> **やってみよう**

1. 1組のトランプ52枚の中から，3枚のカードを同時に引くとき，ハート2枚とスペード1枚を引く確率を求めなさい．

2. 1個のサイコロを投げたとき，1以上の目が出る確率を求めなさい．

3. 2個のサイコロを同時に投げるとき，少なくとも1個は6の目が出る確率を求めなさい．

[答]
1. 52枚から3枚を引く場合の数は $_{52}C_3$．ハート2枚とスペード1枚を引く場合の数は積の法則より $_{13}C_2 \times {}_{13}C_1$．従って，$\frac{{}_{13}C_2 \cdot {}_{13}C_1}{{}_{52}C_3} = \frac{39}{850}$．
2. $\frac{6}{6} = 1$．（1以上が出る事象は全事象なので確率の性質からも，その確率は1と分かる．）
3. 少なくとも1個は6の目が出る事象は，2つとも6の目が出ない事象の余事象である．2つとも6の目が出ない確率は $\frac{5 \times 5}{6 \times 6} = \frac{25}{36}$．ゆえに求める確率は $1 - \frac{25}{36} = \frac{11}{36}$．

15.2 加法定理

排反事象

2つの事象があって両方が同時に起き得ないとき，この2つの事象は互いに**排反である**といい，互いに排反な事象を**排反事象**という*．

> **例：排反事象**
>
> 1つのサイコロを投げて「6の目が出る」事象を A，「奇数の目が出る」事象を B，「5以上の目が出る」事象を C とする．
>
> 事象 A と B は同時には起こらないので排反事象である．その他の組み合わせ，事象 A と C，事象 B と C は同時に起こり得るので排反ではない．

---

* 3つ以上の事象でも，それらのうちのどの2つの事象も互いに排反であるとき，これらの事象を互いに排反という．

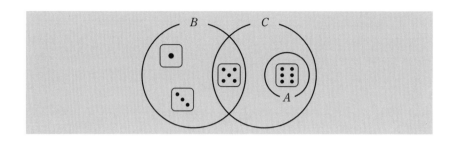

加法定理

事象 A, B が互いに排反なとき，A と B の少なくとも一方が起こる確率は以下となる*．

$P(A) + P(B)$

例題　加法定理

(Q) 当たりくじが 3 本入っている 10 本のくじがある．この中から 2 本のくじを同時に引くとき，1 本以上当たる確率を求めなさい．

起こり得る全ての場合の数：10 本から 2 本を引くので ${}_{10}C_2$ 通り
1 本当たる場合の数：3 本の当たりから 1 本を引き，7 本のはずれから 1 本を引くので（公式「積の法則」より）${}_3C_1 \times {}_7C_1$ 通り
2 本当たる場合の数：3 本の当たりから 2 本を引くので ${}_3C_2$ 通り

以上より，

1 本当たる確率 $P_1 = \dfrac{{}_3C_1 \times {}_7C_1}{{}_{10}C_2} = \dfrac{3 \times 7}{45} = \dfrac{7}{15}$

2 本当たる確率 $P_2 = \dfrac{{}_3C_2}{{}_{10}C_2} = \dfrac{3}{45} = \dfrac{1}{15}$

1 本以上当たる事象は，1 本当たる場合と，2 本当たる場合であり，それらは互いに排反なので，1 本以上当たる確率は加法定理より $P_1 + P_2 = \dfrac{7}{15} + \dfrac{1}{15} = \dfrac{8}{15}$．

＊　3 つ以上の互いに排反な事象のうち少なくとも 1 つが起こる確率は $P(A) + P(B) + P(C) + \cdots$ となる．

やってみよう

1. 当たりくじが 4 本入っている 9 本のくじの中から 3 本のくじを同時に引くとき 2 本以上当たる確率を求めなさい．

2. 1 枚のコインを投げるゲームを行う．表が 2 回連続で出たらゲームが終了となるとき，4 回以内でこのゲームが終わる確率を求めなさい．

3. 2 個のサイコロを同時に投げて出た目の和が 4 以下になる確率を求めなさい．

[答]

1. 2 本当たりの場合の数：4 本の当たりくじの中から 2 本当たりを引き，5 本のはずれくじの中から 1 本はずれを引けばよいので，場合の数は $_4C_2 \times {}_5C_1$．
3 本当たりの場合の数：4 本の当たりくじの中から 3 本当たりを引けばよいので，場合の数は $_4C_3$．それらのどちらか一方が起こる確率を求めればよいので加法定理より，$\frac{_4C_2 \times {}_5C_1}{_9C_3} + \frac{_4C_3}{_9C_3} = \frac{17}{42}$．

2. 2 回で終わるのは（表，表）の場合なので確率は $\frac{1}{2^2} = \frac{1}{4}$．3 回で終わるのは（裏，表，表）の場合なので確率は $\frac{1}{2^3} = \frac{1}{8}$．4 回で終わるのは（裏，裏，表，表）か（表，裏，表，表）の場合なので確率は $\frac{2}{2^4} = \frac{1}{8}$．これらは全て排反なので加法定理より $\frac{1}{4} + \frac{1}{8} + \frac{1}{8} = \frac{1}{2}$．

3. 目の和が 2 の場合の確率 $\frac{1}{36}$，和が 3 の場合の確率 $\frac{1}{18}$，和が 4 の場合の確率 $\frac{1}{12}$．これらは全て排反なので $\frac{1}{36} + \frac{1}{18} + \frac{1}{12} = \frac{1}{6}$．

15.3 独立な試行の乗法定理

独立な試行

2つの試行について，それぞれの結果の起こり方が互いに影響を与えないとき，それら2つの試行は**独立**であるという*．

> **例：独立な試行**
> サイコロを2回続けて投げるとき1回目に投げる試行と，2回目に投げる試行は独立である．

独立な試行の乗法定理

2つの試行が独立であるとき，1つ目の試行で事象 A が起こり，2つ目の試行で事象 B が起こる確率は以下のようになる**．

$P(A) \times P(B)$

> **例 題**　**独立な試行の乗法定理**
>
> **(Q)** 1個のサイコロを2回続けて投げるとき，1回目に4の目が出て，2回目に2以上の目が出る確率を求めなさい．
>
> 4の目が出る確率は $\dfrac{1}{6}$，2以上の目が出る確率は $\dfrac{5}{6}$ である．そして各回の試行は互いに独立なので
>
> $$\underbrace{\dfrac{1}{6}}_{\text{1回目}} \times \underbrace{\dfrac{5}{6}}_{\text{2回目}} = \dfrac{5}{36}$$

---

* 3つ以上の試行についても，それらのうちのどの2つの試行も互いに影響を与えないとき，これらの試行は独立という．
** 3つ以上の互いに独立な試行が全て起こる確率は $P(A)P(B)P(C)\cdots$ となる．

> **やってみよう**

1. A君, B君, C君がある資格試験を受けるとき, 3人の合格する確率がそれぞれ $\frac{1}{2}, \frac{1}{3}, \frac{1}{4}$ であるとき, 3人とも合格する確率を求めなさい.

2. 10本中3本が当たりのくじを3回引くとする. 1回引いたらくじを元に戻すとして, 3回連続はずれを引く確率を求めなさい.

3. 1から4までの数字が1つずつかかれた赤色のカードが4枚入っている袋と, 1から6までの数字が1つずつかかれた青色のカードが6枚入っている袋がある. それぞれの袋から1枚ずつカードを取り出して, 赤色のカードにかかれた数字を十の位, 青色のカードにかかれた数字を一の位とする. そのときできる2桁の整数が20以上の奇数である確率を求めなさい.

[答]
1. 3人の試験結果は互いに独立なので,「独立な試行の乗法定理」より, $\frac{1}{2} \cdot \frac{1}{3} \cdot \frac{1}{4} = \frac{1}{24}$
2. $\left(\frac{7}{10}\right)^3 = \frac{343}{1000}$
3. 十の位は 4,3,2 のどれか, 一の位は 1,3,5 のどれかが選ばれればよい. それぞれの袋からカードを取り出す試行は独立なので, $\frac{3}{4} \times \frac{3}{6} = \frac{3}{8}$.

15.4 条件つき確率と乗法定理

> **条件つき確率**

2つの事象 A, B について, A が起こったことが分かったとして, B が起こる確率を, A が起こったときの B の**条件つき確率**といい, $P_A(B)$, あるいは $P(B|A)$ とかく.

条件つき確率は以下のように計算される.

$$P_A(B) = \frac{P(A \cap B)}{P(A)}$$

ただし，$P(A \cap B)$ は事象 A と B がともに起こる確率を表す．

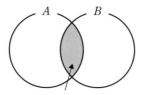

$A \cap B$（事象 A と B が共に起こる）

[考え方]

$P_A(B)$ は A を全事象としたときに事象 B が起きる確率と考えることができる．A を全事象としたときの事象 B が起きる場合の数は $(A \cap B)$ の場合の数と考えることができる．

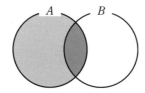

乗法定理

事象 A と B が同時に起きる確率は以下のようになる．

$$P(A \cap B) = P(A) P_A(B)$$

事象 A と B は独立でなくてもよいことに注意しよう*．

例題 乗法定理

(Q) 当たりくじが3本入っている10本のくじがある．A さん，B さんの順で1本ずつ引くとき，2人とも当たりを引く確率を求めなさい．

（注）A さんが当たりを引いたかどうかは，B さんが当たりを引く確率に影響するので，A さんが引くという試行と B さんが引くという試行は独立ではないことに注意しよう．

---

* 事象 A と B が独立のとき $P_A(B) = P(B)$ なので，この定理は「独立な試行の乗法定理」に一致する．

Aさんが当たるという事象を A，Bさんが当たるという事象を B とする．求めるべきは $P(A \cap B)$（AさんもBさんも当たる確率）なので，乗法定理より $P(A)P_A(B)$ を求めればよい．

Aさんが当たる確率 $P(A) = \dfrac{3}{10}$

Aさんが当たったときのBさんの当たる条件つき確率 $P_A(B)$ は，Bさんが引くときは，くじ9本中当たりが2本なので $P_A(B) = \dfrac{2}{9}$．
従って，

$$P(A \cap B) = P(A)P_A(B) = \dfrac{3}{10} \times \dfrac{2}{9} = \dfrac{1}{15}$$

やってみよう

1. 当たりくじが4本入っている9本のくじの中から，初めにAさんが1本引き，次にBさんが1本引くとする．このとき，Bさんが当たる確率を求めなさい．ただし，くじは元に戻さないとする．

2. 赤玉4個に 1, 2, 3, 4，白玉3個に 5, 6, 7 と番号をつけた7個の玉が入っている袋から1つ玉を取り出す．取り出された玉が赤玉であったとき，それが奇数の番号がついた玉である確率を求めなさい．

[答]
1. Aさんが当たりを引く場合とはずれを引く場合に分けて考えて，$\dfrac{4}{9} \cdot \dfrac{3}{8} + \dfrac{5}{9} \cdot \dfrac{4}{8} = \dfrac{4}{9}$．
2. 赤玉を引く事象を A，奇数の番号の玉を引く事象を B とする．赤玉を引く確率は $P(A) = \dfrac{4}{7}$．赤玉かつ奇数の番号の玉を引く確率は $P(A \cap B) = \dfrac{2}{7}$．従って，$P_A(B) = \dfrac{P(A \cap B)}{P(A)} = \dfrac{\frac{2}{7}}{\frac{4}{7}} = \dfrac{1}{2}$．

15.4 条件つき確率と乗法定理

練習問題

1. 3から50までの数字がかかれたカードが48枚ある．無作為にカードを1枚取り出したとき，カードにかかれた番号が，偶数または素数になっている確率を求めなさい．

   素数とは，1と自分自身の数でしか割り切れない2以上の整数である．例えば，7は1と7でしか割り切れないので素数である．

2. 10本中3本が当たりのくじがある．Aさん，Bさん，Cさんがこの順番でくじを引くとき，それぞれが当たりを引く確率を求めなさい．ただし，引いたくじは戻さないとする．

3. ある製品を工場Aと工場Bで製造している．製品に不良品が含まれる確率は工場Aでは2%，工場Bでは1%である．工場Aで600個の製品を，工場Bで400個の製品をそれぞれ製作し合計1000個の製品がある．その1000個の製品の中から無作為に1つの製品を取り出したときそれが不良品であったとき，それが工場Aで作られたものである確率を求めなさい．

4. 1個のサイコロを投げるとき，奇数の目が出る事象をA，2以下の目が出る事象をBとする．このとき事象AとBは独立であることを示しなさい．

練習問題解答

第1講

1. (1) $\frac{5}{13}=0.\dot{3}8461\dot{5}$ なので6個の数字が循環している．$100\div 6=16\cdots 4$ より小数第百位の数字は6． (2) $\frac{16}{37}=0.\dot{4}3\dot{2}$ なので3個の数字が循環している．$100\div 3=33\cdots 1$ より，$(4+3+2)\times 33+4=301$． (3) $\frac{4}{5}, \frac{3}{40}, \frac{11}{125}$

2. $y=-3x+2$ を x 方向に a だけ平行移動した式と，$-3x-3$ が同じになればよいので，$y=-3(x-a)+2=-3x-3$ より $a=-\frac{5}{3}$．従って，x 方向に $-\frac{5}{3}$ だけ平行移動させればよい．

3. (1) $x=\pm 6$ (2) $x=\pm\sqrt{5}$ (3) この方程式を満たす実数 x は存在しない．

第2講

1. (1) 0 (2) 6 (3) 7
2. (1) $-x+3y$ (2) $6x-10y$ (3) $5x^2-(6y)x+5y^2$
3. (1) $n-m=2, mn=48$ (2) $S=\pi a^2$ (3) m,n を整数とすると $X=3m+3n$ と表される．
4. (1) $x^3-(a+b+c)x^2+(ab+ac+bc)x-abc$ (2) $3x^2-(y)x-2y^2$ (3) $x^4-(4y)x^2+4y^2$
5. (1) $(3x+3y-2)(2x+2y+1)$ (2) $(x-y-2)^2$ (3) $(3x+3y+1)(x+y-1)$

第3講

1. (1) 利益を x 円とすると $25000:1=x:0.35$ より，$x=8750$ 円．よって定価は $25000+8750=33750$ 円． (2) 33750 円の2割引は $33750\times 0.8=27000$ 円．よって利益は $27000-25000=2000$ 円．

2. 結局 2000 円で売ったことになるので仕入れ値は $2000-800=1200$ 円．

3. (1) 定員を x とおくと $x:1=1500:1.5$ より $x=1000$ 人． (2) 電車から降りた人は $1500\times 0.25=375$ 人なので，乗客は $1500-375=1125$ 人．乗車率 y は $1000:1=1125:y$ より $y=1.125$．よって乗車率は 112.5%．

4. 定価を a 円とする．X 店で買うと $0.65(1.08a)$ 円，Y 店で買うと $1.08(0.65a)$ 円．これは掛け算の順番が変わっただけなので等しい．つまりどちらの店で買っても同じ．

第 4 講

1. (1) $y=-2x+1$ (2) $y=3x+b$ とおいて $(1,2)$ を代入すると $2=3+b$ より $b=-1$. 従って $y=3x-1$. (3) 傾きは $\dfrac{1-4}{-2-1}=1$, $y=x+b$ とおいて $(1,4)$ を代入して $4=1+b$ より $b=3$. 従って $y=x+3$. (4) $y=ax+2$ とおいて $(-1,4)$ を代入して $4=-a+2$ より $a=-2$. 従って $y=-2x+2$.

2. $300x+500y=5000$

3. お菓子 A を x 個買うとするとお菓子 B は $(10-x)$ 個買える. 条件式は $200x+100(10-x)+150 \leq 2000$ より $x \leq 8.5$. 従って 8 個.

第 5 講

1. (1) 例えば, $(1,3)$.

(2)
x	-3	-2	-1	0	1
y	11	2	-1	2	11

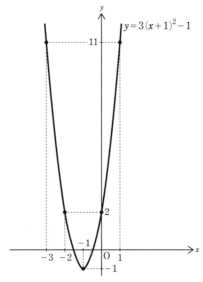

(3) $y=(x-1)^2-1$, 頂点の座標 $(1,-1)$ (4) 2 つのグラフの頂点が重なるように平行移動すればよいので x 方向に -3, y 方向に 5 平行移動する.

2. (1) 例えば, $y=-2(x-3)^2$. (2) 例えば, $y=(x-1)^2+2$.

3. (1) $(1,3)$ (2) $(0,-2)$ (3) $(-2,0)$

4. (1) $y=a(x-1)^2+2$ とおき, $x=3, y=1$ を代入して a を求めればよい. 結局, $y=-\dfrac{1}{4}(x-1)^2+2$. (2) 軸が $x=-1$ なので頂点の x 座標は $x=-1$ と分かる. $y=a(x-(-1))^2+q$ とおいて, $(1,-2),(3,10)$ を代入して a,q を求めればよい. 結局 $y=(x+1)^2-6$.

第 6 講

1. (1) $y = \left(x + \dfrac{5}{2}\right)^2 - \dfrac{25}{4}$ より頂点の座標 $\left(-\dfrac{5}{2}, -\dfrac{25}{4}\right)$.　(2) $y = 3\left(x + \dfrac{2}{3}\right)^2 - \dfrac{4}{3}$ より頂点の座標 $\left(-\dfrac{2}{3}, -\dfrac{4}{3}\right)$.　(3) $y = -3\left(x + \dfrac{1}{2}\right)^2 + \dfrac{3}{4}$ より頂点の座標 $\left(-\dfrac{1}{2}, \dfrac{3}{4}\right)$.　(4) $y = -(x+1)^2 + 2$ より頂点の座標 $(-1, 2)$.
(5) $y = 2(x+1)^2 - 2$ より頂点の座標 $(-1, -2)$.

2. (1) $y = -(x-2)^2 + 5$ のグラフは上に凸なので頂点の座標が最大値を与える. $x = 2$ のとき最大値 5 をとる.　(2) $y = 2\left(x + \dfrac{3}{2}\right)^2 - \dfrac{11}{2}$. 頂点は問題の x の範囲に含まれていないことに注意して, $x = 2$ のとき最大値 19 をとる.

3. $y = -2(x-2)^2 + 8 + c$. 頂点は $-1 \leq x \leq 3$ に含まれており, グラフは上に凸なので頂点が最大値を与える. つまり $8 + c = 10, c = 2$.

4. (1) $\pi = p(800-p) - 400(800-p) = -p^2 + 1200p - 320000$ 円.
(2) π の最大値を与える価格 p を求めればよい. $\pi = -p^2 + 1200p - 320000 = -(p-600)^2 + 40000$ より $p = 600$ で最大値をとるので 600 円.

第 7 講

1. (1) $x = -1, \dfrac{2}{3}$　　(2) 解なし　　(3) $-\dfrac{1}{2}, \dfrac{2}{3}$　　(4) $\dfrac{-\sqrt{3} \pm \sqrt{11}}{2}$

2. 判別式 $D = 1 - 8m > 0$ より $m < \dfrac{1}{8}$.

3. 判別式 $D = (-4)^2 - 4 \cdot 4 = 0$ より共有点の個数 1 個, 座標は $4x^2 - 4x + 1 = 0$ を解いて $x = \dfrac{1}{2}$.

4. 判別式 $D = m^2 - 16 = 0$ より $m = \pm 4$ で実数解が 1 つ. $m = 4$ のとき $x = -2$, $m = -4$ のとき $x = 2$.

5. $x^2 - 6x + 3 = -3x + 1$ を解けばよく, $x = 1, 2$. 従って, 共有点の座標は $(1, -2), (2, -5)$.

6. $x^2 = x + k, x^2 - x - k = 0$ の判別式 $D = 1 + 4k = 0$ より $k = -\dfrac{1}{4}$.

第 8 講

1. (1) 8　　(2) a　　(3) $a+2+a^{-1}$　　(4) 4　　(5) $((-1)^3)^{\frac{1}{3}} = -1$
   (6) $2\sqrt[3]{2} - \sqrt[3]{16} = 2 \cdot 2^{\frac{1}{3}} - 2^{\frac{4}{3}} = 2^{\frac{4}{3}} - 2^{\frac{4}{3}} = 0$
2. $16^x = 4, (2^4)^x = 2^2, 2^{4x} = 2^2$ より $4x = 2, x = \dfrac{1}{2}$.
3. $0 < a < 1$ のとき $p < q \to a^p > a^q$ なので，$0.3^4, 0.3^2, 0.3^0, 0.3^{-3}$.
4. $y = -2^{x-2}, y = -\dfrac{1}{4} 2^x$
5. $2^x = t$ とすると $t^2 - 2t - a = 0$. この方程式において t が1つの解をもてばよいので，判別式より $a = -1$.
6. 2^{20} mm なので，1048576 mm = 1048.576 m.
7. 複利：$10000(1+0.02)^{30} = 18113$ 円，単利：$10000(1+30 \cdot 0.02) = 16000$ 円．
8. $\dfrac{(1.15)^{10}}{1.05^{10}} \approx 2.5$ 倍

第 9 講

1. (1) 両辺に $\log_3$ を作用させて，$3 = \log_3 27$.　　(2) $x = \log_{\frac{1}{2}} \left(\dfrac{1}{2}\right)^x$ より，$\log_{\frac{1}{2}} 4 = \log_{\frac{1}{2}} \left(\dfrac{1}{2}\right)^x$. 従って，$4 = \dfrac{1}{2}^x$.
2. (1) 3　　(2) $\log_9 27 = x$ とおいて指数の関係に直して求める．$\log_9 27 = \dfrac{3}{2}$.
   (3) $\log_{\frac{1}{5}} \sqrt{5} = \log_{\frac{1}{5}} \left(\dfrac{1}{5}\right)^{-\frac{1}{2}} = -\dfrac{1}{2}$　　(4) 2　　(5) 1　　(6) $\log_2 0.5 = \log_2 \dfrac{1}{2} = \log_2 2^{-1} = -1$　　(7) $\log_4 \sqrt{64} = \log_4 (4^3)^{\frac{1}{2}} = \log_4 4^{\frac{3}{2}} = \dfrac{3}{2}$
   (8) $\log_2 \sqrt{3} + 3\log_2 \sqrt{4} - \log_2 \sqrt{12} = \log_2 \dfrac{\sqrt{3}\sqrt{4^3}}{\sqrt{12}} = \log_2 \dfrac{4\sqrt{12}}{\sqrt{12}} = 2$
3. 現在の B 国の GDP を D とおけば，$\dfrac{D}{2}(1.15)^x > D(1.05)^x$ となる x を求めればよく，結局 $x > \dfrac{0.3010}{0.0395} \approx 7.62$. 従って，8 年後．
4. 13 桁
5. $\log_{10} 5^{-20} = -13.98$ より，$-14 < \log_{10} 5^{-20} < -13$ なので，$\log_{10} 10^{-14} < \log_{10} 5^{-20} < \log_{10} 10^{-13}$. 底は 1 より大きいので $10^{-14} < 5^{-20} < 10^{-13}$. よって小数点第 14 位に初めて 0 でない数が現れる．

第10講

1. (1) n^3 (2) $\sqrt{n}$ (3) $\dfrac{1}{2^n}$

2. (1) $a_3 = -3^2 + 3 + 1 = -5$ (2) 初項4，公差2の等差数列の和なので40．
(3) $2^3 + 3^3 + 4^3 = 99$ (4) 2を8回足すので16．

3. (1) $a_n = 2n - 6$．$S_n = \dfrac{1}{2}n\{2a_1 + (n-1)d\}$ より $S_5 = \dfrac{1}{2} \times 5 \times \{2 \times (-4) + 4 \times 2\} = 0$．
(2) $a_n = -3n + 13$．$S_5 = \dfrac{1}{2} \times 5 \times \{2 \times 10 + 4 \times (-3)\} = 20$ (3) $a_n = (-4)2^{n-1} = -2^2 \cdot 2^{n-1} = -2^{n+1}$．$S_n = \dfrac{a_1 - a_1 r^n}{1 - r}$ より $S_5 = \dfrac{-4 - (-4)(2)^5}{1 - 2} = -124$．   (4) $a_n = 10(-3)^{n-1}$．$S_5 = \dfrac{10 - 10(-3)^5}{1 - (-3)} = 610$

4. $S_n = \dfrac{1}{2}n\{100 + (n-1) \times (-4)\} = -2n^2 + 52n = -2(n-13)^2 + 338$ より $n = 13$ で和が最大値338をとる．

5. $12, 17, 22, \cdots, 97$，つまり初項12，公差5の数列とみなせる．末項97は $12 + (n-1)5 = 97$ より第18項なので，和は $S_{18} = \dfrac{1}{2} \times 18(12 + 97) = 981$．

6. 毎年 a 円ずつ複利 r で n 年積み立てると合計は $\displaystyle\sum_{i=1}^{n} a(1+r)^i$．これは，初項 $a(1+r)$，公比 $1+r$ の等比数列の和に対応するので，$S_n = \dfrac{a(1+r) - a(1+r)(1+r)^n}{1 - (1+r)}$．
よって問題の条件のときは $S \approx 1180$ 万円．

第11講

1. (1) 0   (2) 2   (3) 3   (4) 2   (5) 2   (6) $-\dfrac{1}{3}$

2. (1) $y' = -3x^2$，微分係数 -12 (2) $y' = 4x - 3$，微分係数 -11
(3) $y' = \dfrac{4}{x^3}$，微分係数 $-\dfrac{1}{2}$

3. (1) -3 (2) 28   (3) 16   (4) $\dfrac{2}{3\sqrt[3]{3}}$

4. 定義式より計算：$\displaystyle\lim_{h \to 0} \dfrac{\dfrac{1}{x+h} - \dfrac{1}{x}}{h} = \lim_{h \to 0} \dfrac{-1}{(x+h)x} = \dfrac{-1}{x^2}$．これは公式「微分」(1) を用いた計算と一致する．

5. 傾きが0となる接点の x 座標を a とすると $4a - 8 = 0, a = 2$ より，接点の座標 $(2, 2)$．平方完成より $y = 2(x-2)^2 + 2$ となり頂点の座標は $(2, 2)$ で一致する．

第12講

1. (1) $8(x+2)^7$ (2) $\dfrac{3x+2}{2\sqrt{x+1}}$ (3) $-3x^2-14x-13$ (4) $\dfrac{-x}{\sqrt{4-x^2}}$
(5) $\dfrac{-3}{(4x+1)^2}$ (6) $\dfrac{-2}{x^3}$

2. 定義式より計算：$\displaystyle\lim_{h\to 0}\dfrac{\frac{1}{(x+h)^2}-\frac{1}{x^2}}{h}=\lim_{h\to 0}\dfrac{-2x-h}{x^2(x+h)^2}=\dfrac{-2}{x^3}$. これは公式「商に関する微分」を用いた計算と一致する.

3. $(f(x)g(x)h(x))'=(f(x)g(x))'h(x)+(f(x)g(x))h'(x)=f'(x)g(x)h(x)+f(x)g'(x)h(x)+f(x)g(x)h'(x)$. また，この公式を用いて $y'=-6x^2-6x+8$.

第13講

1. (1) $4x-7$ (2) $y=\dfrac{1}{2}x$ (3) $(\pm 1, \mp 2)$

2. (1) 微分係数が0となるxは$-2x+3=0$より, $x=\dfrac{3}{2}$.

x	...	$\dfrac{3}{2}$	...
$f'(x)$	+	0	−
$f(x)$	↗	$\dfrac{13}{4}$	↘

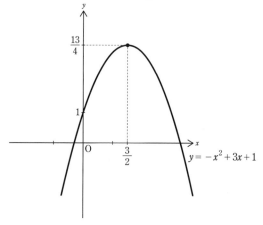

(2) ルートの中身は正でなければならないので，この関数の定義域は $1-x^2\geq 0$ より $-1\leq x\leq 1$ である. 導関数は $y'=\dfrac{\sqrt{1-x^2}-x}{\sqrt{1-x^2}}$ より, 微分係数が0となるxは $\sqrt{1-x^2}-x=0$ より $x=\dfrac{1}{\sqrt{2}}$. 定義域は $-1\leq x\leq 1$ なので微分係数が0となるのは, $x=\dfrac{1}{\sqrt{2}}$. $-1\leq x\leq 1$ における増減表は以下のようになる.

x	-1	$\cdots$	$\dfrac{1}{\sqrt{2}}$	$\cdots$	1
$f'(x)$		$+$	0	$-$	
$f(x)$	-1	↗	$\sqrt{2}$	↘	1

3. ルートの中身は正でなければならないので，この関数の定義域は $2-x^2\geq 0$ より $-\sqrt{2}\leq x\leq \sqrt{2}$ であることに注意すると，$x=-1$ のとき最小値 -1，$x=1$ のとき最大値 1 をとる．

4. 接線の方程式が $y=-x+2$ なので，切片は 2，x 軸との交点は $x=2$．よって求める三角形は底辺 $=2$，高さ $=2$ である．面積は 2．

5. 利潤 Π を生産量 q で微分すると $(\Pi)'=-q^2-2q+15=(q+5)(-q+3)$ となる．生産量 q は正の値しかとらないことに注意すると，極大値が最大値を与えることが分かるので，$q=3$ で最大値 37 をとる．

第14講

1. 20通り

2. 8通り

3. (1) $5!=120$ 通り　　(2) $2\times 4!=48$ 通り

4. (1) $_7C_4=35$ 通り　　(2) $_4C_2\cdot _3C_2=18$ 通り

第 15 講

1. 偶数のカードを引く事象と，素数のカードを引く事象は互いに排反である．3 から 50 までの中に偶数は 24 個，素数は 14 個あるので，加法定理より $\frac{24}{48} + \frac{14}{48} = \frac{19}{24}$．

2. A さんが当たる確率：$\frac{3}{10}$，B さんが当たる確率：$\frac{3}{10}\frac{2}{9} + \frac{7}{10}\frac{3}{9} = \frac{3}{10}$，C さんが当たる確率：$\frac{3}{10}\frac{2}{9}\frac{1}{8} + \frac{3}{10}\frac{7}{9}\frac{2}{8} + \frac{7}{10}\frac{3}{9}\frac{2}{8} + \frac{7}{10}\frac{6}{9}\frac{3}{8} = \frac{3}{10}$．結局引く順番によらず当たる確率は同じになることが分かる．

3. 取り出した製品が A で作られている事象を A，B で作られている事象を B，不良品である事象を C とする．$P(A) = \frac{600}{1000} = \frac{3}{5}$．A において 600 個の製品の中に不良品が 2% 含まれているので不良品の数は 12 個，B においては 400 個の製品の中に不良品が 1% が含まれているので不良品の数は 4 個である．不良品は全部で 16 個あるので $P(C) = \frac{16}{1000} = \frac{2}{125}$ よって $P_A(C) = \frac{12}{600} = \frac{1}{50}$．求める確率は
$$P_C(A) = \frac{P(A \cap C)}{P(C)} = \frac{P(A)P_A(C)}{P(C)} = \frac{\frac{3}{5} \times \frac{1}{50}}{\frac{2}{125}} = \frac{3}{4}$$

4. 奇数かつ 2 以下であるのは 1 のときのみなので $P(A \cap B) = \frac{1}{6}$ である．
$$P(A) = \frac{1}{2},\ P_B(A) = \frac{P(A \cap B)}{P(B)} = \frac{1}{2}$$
$$P(B) = \frac{1}{3},\ P_A(B) = \frac{P(A \cap B)}{P(A)} = \frac{1}{3}$$
よって，$P(A) = P_B(A)$，$P(B) = P_A(B)$ なので事象 A と事象 B は独立．

索　引

あ　行

1次関数　30
一般項　94
因数分解　19

か　行

傾き　30
関数　6

供給関数　39
供給曲線　39
極限値　104
極小　131
極小値　131
極大　131
極大値　131
極値　131

空事象　145
組み合わせ　142
グラフ　7

係数　12

項　13, 94
公差　96
合成関数　120
交点　35
公比　99

さ　行

最小値　57
最大値　57

軸　44
試行　145
事象　145
指数　70
指数関数　77
次数　13
樹形図　136
需要関数　39
需要曲線　39
瞬間変化率　108
順列　140
条件つき確率　153
常用対数　91
真数　83

数列　94

整式　14
整数　1
接線の傾き　110
絶対値　3
切片　30
全事象　145

増減表　129

た　行

対称　44
対数　83
対数関数　87
多項式　13
単項式　12

値域　6
頂点　44

直線　30

底　83
定義域　6
展開　17

導関数　111
等差数列　96
等比数列　99
同類項　14
独立　152

な 行

2次関数　42
2次方程式　62

は 行

場合の数　135
排反事象　149
排反である　149
繁分数　4
判別式　64

微分係数　109
百分率　23

歩合　23

分数　1

平均変化率　107
平行移動　8
平方完成　54
平方根　5, 74

放物線　43

ま 行

無理数　2

や 行

有理数　2

余事象　148

ら 行

累乗　70
累乗根　74

わ 行

割合　23

英 字

n次多項式　13

著者紹介

小林　幹（こばやし　みき）

2008 年　京都大学大学院情報学研究科博士課程修了
　　　　東北大学助教などを経て
現　在　立正大学経済学部准教授　博士（情報学）

主要著書・論文

Analysis and Control of Complex Dynamical Systems（共著），Springer, 2015.
"Time-delayed feedback control of diffusion in random walk-ers" (with H. Ando and K. Takehara, *Physical Review*, E **96**, 012148 (2017))

ライブラリ 経済学15講［BASIC編］別巻1
経済学のための数学の基礎 15 講

2018年4月10日 ©	初版発行
2025年4月25日	初版第9刷発行

著 者　小林　幹　　　発行者　御園生晴彦
　　　　　　　　　　　印刷者　小宮山恒敏

【発行】　　　　株式会社　新世社
〒151-0051　東京都渋谷区千駄ヶ谷1丁目3番25号
編集☎(03)5474-8818(代)　　サイエンスビル

【発売】　　　　株式会社　サイエンス社
〒151-0051　東京都渋谷区千駄ヶ谷1丁目3番25号
営業☎(03)5474-8500(代)　　振替　00170-7-2387
FAX☎(03)5474-8900

印刷・製本　小宮山印刷工業(株)
《検印省略》

本書の内容を無断で複写複製することは，著作者および出版者の権利を侵害することがありますので，その場合にはあらかじめ小社あて許諾をお求め下さい。

ISBN978-4-88384-273-5
PRINTED IN JAPAN

サイエンス社・新世社のホームページのご案内
http://www.saiensu.co.jp
ご意見・ご要望は
shin@saiensu.co.jp　まで。